2000 ans d'histoire gourmande

美食の歴史2000年

パトリス・ジェリネ［著］
北村陽子［訳］

原書房

美食の歴史　二〇〇〇年

目次

本文中の＊は注番号を表す

お通し　mise en bouche

フランス語の「passer à table（テーブルにつく）」という表現には二通りの意味がある。一つは美味しい食事、もう一つは、有り難くないことに警察の尋問に答える様子をあらわすのだ。「table ターブル」という言葉は日常会話に始終、登場する。子どもの頃にお世話になるのが「掛け算表《ターブル》」。咎《とが》められれば、「白状する《ス・メットル・ア・ターブル》」。ごまかすときは「テーブルの下」、誠実さを示すなら「テーブルの上で勝負する」。モーゼがシナイ山で授かった十戒は律法の石板《ターブル・ド・ラ・ロワ》に刻まれていた。そしてイスラーム教徒なら、大天使ガブリエルによって預言者ムハンマドに啓示されたコーランの貴重な言葉が「天に護持された碑板《ターブル・ガルデ》」に永遠に刻まれていると信じているに違いない。

とはいえ、この言葉が使われたときすぐに頭に浮かぶのが、まず美食学《ガストロノミー》――この言葉は十九世紀初めから使われるようになった――、美食術であることは否定できない。美食学は美食《グルマンディーズ》とは違う。美食学者《ガストロノーム》は美食家《グルマン》だろうが、逆は真とは限らない。美食学者とは食通として料理を味わい尽くすだけでなく、料理とワインの専門家、鋭い味覚の持ち主であり、改革者、創出者なのだ。美食学者は、自分にとって宗教とまではいかないにせよ一つの生活様式である、この美食学という芸術のすべてを知り尽くしたいという望みを常に抱いている。

ことわざで「口は剣よりも多くの命を奪う」という。美食学の徒として名高いグリモ・ド・ラ・レニエールの祖父は十八世紀、その通りの悲運に遭遇した。消化不良で命を落としたのだ。同じく名高いブリア＝サヴァランの母は十九世紀、あまりに豪勢な食事を食べたため、気分が悪くなった。そこで大急ぎでデザートをもってこさせた。その命の灯は、サントノレ［円形のパイ生地の上をプティ・シューで縁取り、中央にクリームを盛った菓子］に飾った誕生祝いのろうそくが吹き消されるように、ふっと消えた。ブリア＝サヴァランは取り乱すことなく、短く言った。「母はコーヒーを彼岸でいただくことだろう」。齢《よわい》九九だった。

有り難いことに、今日私たちが食卓につくたびに、このような命に関わる出来事で食事の楽しみが削《そ》がれるわけではない。

それでも食卓は寝台と並んで、世界で最も危険な場所であることに変わりはない。人は自らの墓を歯で掘るという。美食学は最大の幸福の源であると同時に、時には恐ろしい悲劇の源でもある。

コンデ公の司厨長《メートル・ドテル》だった、かのフランソワ・ヴァテルは、王の食卓を任された自らの名誉を守るために命を絶ったのではなかったか。

幸いにして、七つの大罪の一つである美食は、また大きな喜びももたらす。料理のレシピを読んでいるうちに無性に食べたくなったり、牛の煮込みブルゴーニュ風《ブフ・ブルギニョン》の美味しそうな匂いに誘われたり、ルリジューズ［シュークリームを二つ重ねて糖衣をかけた菓子。修道女の意］を見て思わず手が出たことのない人がいるだろうか。

一口食べれば、修道女ならずとも、「有り難い！」とため息が出るというものだ。

良書は美味しい食事と同じく、消化がよくてもたれない、とアレクサンドル・デュマ（大デュマ）は言った。だが、どちらも時には忘れ難い思い出を残すことを否定する人はないだろう。

美食学は、どれほど美味しい食べ物についてであろうと、食べ物そのものを語るだけに留《とど》まらない。他の要素も私たちの幸福に寄与する。美しく整えられた食卓の調和、上質の食器と設《しつら》え、客と囲む食卓の和やかな雰囲気、生き生きした会話もまた、料理やその香り、色合い、調味のスパイスの味わい、その他にも多くの細々とした事柄とともに、大切な役割を果たす。

そこではすべての感覚が呼び覚まされる。それゆえブリア＝サヴァランは『美味礼賛』でこう言った。「禽獣はくらい、人間は食べる。教養ある人にして初めて食べ方を知る。……造物主は人間に生きるがために食べることを強いるかわり、それを勧めるのに食欲、それに報いるのに快楽を与える」[*1]（関根秀雄訳）。

食べ方を知る人、それは「健啖家《ガストロファージュ》」か、「食道楽《ガストロラートル》」〔『パンタグリュエル物語』では「腹崇拝族」〕か、いややはり美食学者《ガストロノーム》というべきだろう。どの言葉を選ぶか迷った末に、美食学という言葉を使ったのは、十九世紀のベルシューという人物だった。

美食学と詩は紙一重だ。この点となれば、第二帝政時代、『La Cuisinière Poétique（厨房の詩人）』をはじめ数々の美食学批評を著したシャルル・モンスレが最も詩情豊かだろう。「美食学は、あなたの瞳の瑞々しい藍色に金色の輝きをちりばめ、唇に燃えるような珊瑚の彩りを加え、髪を後ろになびかせ、小鼻を知性で震わせる。その甘美さは森のいちご、丘の葡萄、蠱惑的なさくらんぼ、産毛に覆われた桃にある。その強さは怯えたのろ鹿や目くらましにあった雉に……。愛でるのは子兎の流れる血、そして気品ある黄金、ソーテルヌの瓶から注がれる淡い金色の液体[*2]」

　モンスレは実生活ではなかなかやり手でもあった。ある日、バーデンのレストランの主人が店のことを新聞にひと言も書いてくれなかったとモンスレに文句を言った。ポケットにルイ金貨の包みを滑り込ませておいたのに、というわけだ。

――でも、と驚いた風のモンスレ。私のひと言で喜んでいただけるとは存じませんでした。

――頼みますよ、と主人は顔をしかめた。多少なりともお包みしたじゃありませんか。

――ああ、あれですか、とモンスレは言った。あれは口止め料だとばかり思っていました。

　これほどさようにこのテーマは限りなく広い。食卓とその楽しみについて、完璧なバイブルを書きたいなどと願うだけ無駄というものだ。第一そんなことをして何になるだろう。人それぞれ、食のバイブルは美食学者の数だけあっていい。

　本書はまず、美食学を彩る最も麗しい登場人物たちの旅を、時間に沿ってたどっていくことにしよう。さらに、今日もなお私たちの楽しみを豊かにし続けてくれる、最も美しい発見の偉大な瞬間も追っていこう。

　料理という芸術は人生の一部であると認めざるを得ない。美食――この大罪と言われるもの――はまた最も必要な罪の一つでもあるのだから。

第一章　スパイスの道

復古王政時代のフランスで、こんな貼り紙が出て、きわめてまっとうなある商売が遠慮会釈《えしゃく》なくこきおろされた。「あの野郎は、毒にも薬にもならない小心者だが、頭が弱い。町にうようよいる。飯の種はといえば、ロウソクや箱詰めの紐、糖蜜ときている」

あの野郎とは食料雑貨店主《エピシエ》のことだった。［「俗物」を意味する「エピシエ」は、当時、ブルジョアの蔑称として使われていた］

バルザックでさえも蔑んで書いている。「今や、食料雑貨店主《エピシエ》がフランス貴族院議員になるありさまだ」[*1]。同じく一九世紀の作家A・P・ダングルモンは、世の中には二種類の人間がいると言った。食料雑貨店主《エピシエ》とそれ以外の人だ。

しかし、二人とも忘れているようだが、「エピシエ」という言葉は長年、称賛とまでいかなくても羨望《せんぼう》の的だった職業を指していたのだ。スパイス商人である。

スパイスは長きにわたって、厨房に君臨し、世界中の饗宴に鎮座し、人の味覚と嗅覚を魅了してきた。なしで済ませることなど考えられなかった。その多くは今でも、私たちの美食学に欠かせない役割を担っている。

ジェームス・ジョイスは端的に言った。「神が食べ物を作り給い、そして悪魔が……香辛料を作った」。

ではこの小悪魔の足跡を私たちもたどっていくことにしよう。

果実や花、あるいは種や根、樹皮からとれるさまざまなスパイス。これほどまでに人を惹《ひ》きつけるのは、おそらくスパイスほど広く世界を巡った旅人はいないからではなかろうか。

旧約聖書の「雅歌」の中でソロモン王はすでに、「ナルド、サフラン、菖蒲、シナモン」(『雅歌』4章14、新共同訳、聖書の訳は以下同)の香るかぐわしい庭を語っている。地球の反対側に住む人間の間で最初にやり取りされた乳香や没薬《もつやく》などの商品は、中国やアラビア、インド、ペルシャの文明を出会わせ、時には近づけた。ルネサンス時代、覇権を握った西洋が世界に君臨する野望を抱くようになると、衝突も生んだ。

スパイスというものは本質的に女性に似ていると思って間違いない。最良のものにも、そして最悪のものにもなり得る。人を誘《いざな》い、甘くあるいは苦く、ひりひりとあるいは甘美に、まるで女性のようにあらゆる味わいと香りをあわせ持つ。持ち味を最高に生かすには、女性に対してと同様、細心の気配りと機転、そして知識と愛が必要だ。

スパイスが西洋にたどり着いた道筋は、「謎」とされることが多い。実は古代人は、私たちが長い間、幾分見下して考えてきたよりもずっとたくさん旅をしていた。アジアから近東まで、隊商の長大な列がスパイスを運んだ陸上の道があり、もう少し後になると、約一万二〇〇〇キロに及ぶ海路網がスパイスの道として発達した。「近東の海岸に沿い、インドを回って中国に向かい、インドネシアのスパイス諸島に至る。寄港地は、世界で最も魅力的な海岸に沿い、世界最高の海洋港がいくつも連なっていた。あらゆる国の船乗りたちがこのスパイスの道を帆走し、港は思想と知識の驚くべきるつぼだった」*2

途方もない未来を約束されたこの貿易はいつ始まったのか。はっきり言うことはできない。スパイスが日常的に使われるようになったのがいつかも断言できない。スパイスをベースにしたものとして知られる最古のレシピには、紀元前一七〇〇年、アッカドの粘土板に楔形《くさびがた》文字で書かれたものがある。紀元前九世紀、旧約聖書「列王記」は、シバの女王からソロモン王への贈り物の中に「非常に多くの香料」(「列王記」上10章10)があったことを伝えている。

だがエジプト人は、ずっと以前からすでにスパイスをよく使っていた。となると……。

六〇〇〇年以上にわたって、スパイスは揺りかごから墓場まで人とともにあった。神々と賓客《ひんきゃく》に供せられ、料理に使われ、また彼岸まで死者に付き添う香料の調合に加えられた。

エジプトでは特に、スパイスは多様な役割を果たしていた。料理の味付けをする。体に香りをつける。衣服を染める。ある種の病気を治す。さらに多く使われたのは、神々を祀《まつ》り、ファラオの遺体の防腐処理をするためだった。

こうしたスパイスを求めてエジプト人ははるか遠くまで行った。紅海沿いの神秘的な国プント(今日のソマリア北部沿岸とされる)までも。そこでは、この実入りのいい商売を仕切るアラブ人が船に荷を積み込んでいた。ジンジャー(生姜)、シナモン、クローブ(丁子)、カルダモン、そしてとりわけ、スパイスの女王コショウ(胡椒)。アレキサンドリアの門の一つは、「コショウの門」という名を持っていたほどだ。

スパイスはこうして船に積まれるか、あるいは堂々たる隊商に運ばれて、インダス川からアフガニスタン、ペルシャ、メソポタミアを通り、スエズ地峡を越えて地中海沿岸まで旅をし、ナイルデルタの肥沃《ひよく》な地アレキサンドリアに至るか、あるいはコンスタンチノープルやフェニキアの都市テュロス（今日のスール）といった地中海の港にたどり着く。

スパイスがどこから来たか。だれも正確には知らなかった。エジプト人も、またギリシャ人もローマ人も。だがスパイスは絶大な成功を収めた。たとえ太陽神ラーの子孫の帝国の財政に負担が重くのしかかることになったとしても。

エジプトでは食べ物はみな非常にスパイスが効き、ワインやビール、酢もスパイシーだった。シナモンやナツメグ入りのワインが飲まれ、これは媚薬とされていた。ビールにはオレガノやミント、パセリで香り付けをした。

スパイスはまた、エジプト人が乾燥や日差しを避けたり、虫除けとして体に塗る油やクリームを作るのにも使われた。こうした油は酸化しやすいため、乳香や没薬といった天然の酸化防止剤を加える必要があった。サフラン、シナモン、レモンはある種のエキスにも加えられた。香水の調合にも使われ、評判になって輸出で大成功を収めたものもあった。

それればかりではない。スパイスの用途には病気を治す効能もあった。時には何カ月もの準備を必要とする難しい調合を使って、肺や心臓、肝臓、腸の病気の治療が行われた。究極に凝《こ》った使い方は、息を芳香で満たすことだった！　口と歯を完璧な衛生状態に保つとされた最初のトローチの誕生は、少なくとも紀元前四〇〇〇年まで遡るはずだ。

だが最も貴重なスパイス、最も複雑な調合は、神々とファラオのために取っておかれた。神殿の中では、瞑想や神々との接触がしやすくなるように、また祈りがかない、邪悪な力と闘えるようにと、乳香や没薬、シナモン、コショウが焚《た》かれた。

プルタルコスは記す。「彼らは朝起きるとすぐ、祭壇に松脂（レーティネー）を焚きます。……やがて真昼になると彼らは没薬（スミュルナ）を焚きます。なぜなら周囲の空気の中で濃密化してじめじめとぬかるんでいたものをその熱が分解して消散させるからです。……黄昏時にはキューピ香を焚く……。空気が変化をこうむり、……身体も滑らかに穏やかに動かされて、眠りを催す……」（丸橋裕訳）[*3]

スパイスが欠かせない役割を果たしたのは、ファラオの遺体処理の儀式のときだった。内臓を取り出した後――ヤシ酒とスパイスで洗った心臓と腎臓は残す――、寄生生物から守るために、ヒマラヤ杉油と没薬とシナモンを混合したものが、三十日にわたって体に塗られる。その後、別の調合――その処方は遺体処理役によって用心深く秘されていた――によってファラオは彼岸への旅立ちに備える。

一九八二年にラメセス二世のミイラをX線撮影したとき、鼻孔の中になんとコショウの粒が発見された。コショウのおかげで鼻孔が形を保ち、細菌を寄せ付けなかったようだ。

この処置が施《ほどこ》されたのはファラオの体だけではなかった。エジプトが民の需要を満たすために輸入しなくてはならなかったスパイスの膨大な量は、容易に想像がつく。紀元前一四八一年、ハトシェプスト女王は、没薬と乳香の木をエジプトに持ち帰るために、スーダンに遠征を行った。こうした木がナイル河畔の気候に順応することを期待していたのだが、残念ながら、木はファラオの地に根付くことを拒み、すぐに枯れた。

だがエジプトはその歴史の終焉《しゅうえん》まで、スパイスをこよなく愛した。

古代ギリシャもおおむねエジプト人に倣《なら》った。それでも、当時スパイスがどこから来ていたかには疑問が残る。テオフラストス（紀元前三二二～二八七）は『植物誌』で、スパイスの原産国と考えられる国としてインド、ユダヤ、シリアを挙げている。ストラボン（紀元前六四頃～後二三頃）の『地理誌』では、アラビア、エチオピア、インド、ユダヤ、イエメン。大プリニウス（二三～七九）の『博物誌』では、北アフリカ、アラビア、バクトリア［ほぼ現在のアフガニスタンのトルキスタン地方］、エジプト、インド、ユダヤ、レバノンが挙げられている。

アレクサンドロス大王は、スパイスを求めて出立《しゅったつ》することはなかったが、遠征の途上でスパイスに出会っている。天才的な征服者だった彼も、インド遠征途上で出会ったスパイス、香料植物、香料の豊かさの虜《とりこ》となった。オリエントの新しい香料を西洋に持ち帰ったのも、またナルド、サフラン、アニス、セージ、マジョラムといった新しいスパイスを持ち帰ったのも彼だ。ギリシャは自らすすんでオリエント風になり、清潔さにこだわるようになった。オリンピアの選手は、香り付けした油を受け取って競技の前に体に塗った。アテネの通りは、彼らが香油とともに落とした垢を片付けると、息がつけるようになった。

スパイスへの熱狂には本質的に伝染性があると思っておく方がいい。というのも、次はローマ人がやられることになるからだ。アレキサンドリアでは、非常な高値がついていた。ラテン語の著作を残した大プリニウスは、皇帝やパトリキ［ローマ共和政初期の世襲的貴族の呼称］がこの高価な調味料に財産を使い果たすのを目にして嘆く。「最も少なく見積もっても、毎年一億セステルティウスの金額が、われわれの帝国からインドと中国とアラビア半島に流出していく。われわれにとって贅沢品と女性はこれほどに金がかかる。実際、そういう品物のなかで一体今どれだけの割合が、神々あるいは地下に眠る者に用いられるのか、尋ねてみたいものである」[*4]（大槻真一郎訳）。狂気のネロは、蹴り殺した妻ポッパエアを火葬するため、ローマ人の一年分のシナモンの蓄えを一日で徴用しさえした。

　ローマでは、トラヤヌス帝の広場のすぐ下にあったヴィア・ピペラータ――コショウ通り――で、帝国各地から来たスパイスが取り引きされた。スパイスはエジプトにもまして至るところにあった。香料屋、薬屋、薬草屋はスパイスを日常的に調合に使った。やはり清潔さにこだわったローマ人は、スパイスに夢中だった。ユダヤの香料植物の中には、高く評価され、約六〇〇デナリウスの値がついたものもあった。職人の給金の約二十カ月分だ。

　スパイスは数々の香水の調合に加えられただけでなく、大半の料理にも入っていた。創造性に富んだ料理人アピキウスは、コショウを主役にし、クミン、コリアンダー、リベーシュ（ラビッジ）、アシュ（セロリの祖先）、タイム、サリエット（セイバリー）、スマック、ローリエ（月桂樹の葉、ベイリーフ）といった香辛料やスパイスを組み合わせたレシピを残している。スパイスは食べ物の味付けの他、保存を利かせるためにも使われた。

料理に使われた他に、医学的効能もあった。あらゆる効能が謳《うた》われ、眠っている感覚を呼び覚ますともいわれた。またローマ人が火葬の習慣をもつようになると、スパイスは死者の最後の旅に付き添い、遺体が燃え尽きていくとき快い香りを放つようにした。

この頃から、スパイスを積んだ隊商がシルクロードを通って西洋にたどり着くようになった。シルクロードは、ローマ帝国に属したシリアの首都アンティオキア（アンタキア）を起点に、ユーフラテス川を渡り、パルティア王国を抜けて北に向かいサマルカンドへ、そしてパミールを経て中国に至っていた。

南にも道があり、カーブル、ペルシャを通ってペルシャ湾に抜け、そこからバビロンかアンティオキアに至る。三番目のインドの道は、ペルシャ湾に出て、ユーフラテス川の河口を経てバビロンへ向かう。さらにもう一つ、紅海を通る道があった。

それでも一つの疑問が残る。スパイスを手に入れるには具体的にはどうするのだろう。どうやって確実に調達するのだろう。

紀元前一世紀、ヒッパルスというギリシャ系ローマ人の船乗りが、どうにかしてこの難題を解決したいと考えた。解決にたどり着いたのは、アレキサンドリアの図書館で、船乗りたちの話を読んだことからだった。航海が最も容易だったのが夏だったことを知ったヒッパルスは、モンスーンの風向きの変化を利用して、インドへ向かう航海を夏に行い、冬のモンスーンの時期に戻ってくればいいことをすぐに理解する。

こうしてヒッパルスが答えを見つけると、ギリシャ、ローマの船数十隻がスパイスを調達しに行くようになる。

だが五世紀、ローマ帝国の崩壊でスパイス貿易は滞った。その頃からスパイスは富裕層にとってさえ贅沢品となった。金持ちは料理を彩るスパイスを通して、自らの富を誇示するようになる。


そして地中海の景色を一変させる、ある出来事が起こる。七世紀、預言者ムハンマドは、イスラームという新たな宗教をもたらし、世界を変貌させた。イスラームは、数世紀のうちに、世界の征服に赴いた。

アラビアの主、遊牧の民ベドウィンは、パレスチナ、シリア、エジプト、ペルシャ、北アフリカ、スペイン、そして短期間とはいえフランス南部を征服した。そしてアジア航路に乗り出してインドと中国へ達した。

この征服の速さには目を見張るものがある。そして征服者の相対的な寛容さも。諸民族は新しい宗教を信じ、あるいは場合によっては単に利害関係からこぞって改宗したが、強制による改宗はほとんどなかった。

こうして記録的な短期間のうちに、地中海からインドネシアに至る一つの帝国が、七世紀から十三世紀にかけて、ウマイヤ朝とアッバース朝の下に出来上がった。コーランの信仰とアラビア語によって結ばれたこの帝国のおかげで、ムハンマドの継承者たちは、隊商の道と海路と、交易路をどちらも支配することができ、イラン南部の都市ホルムズと広東を結んで、インドと中国のスパイスを持ち帰り、富を築くことができた。

この長い旅は分厚い秘密のベールに包まれていた。道や港、交易地の知識があれば、確実に有利だったからだ。その上アラブ人は優れた船乗りだった。アラビアの小型帆船はホルムズと広東を八カ月で結んだ。海路に沿って、モザンビーク、マダガスカル、ザンジバルに拠点が設けられて、交易体制が一層整い、インドに着く前に寄港できた。

慣用表現にある通り、こうした海の冒険者たちには「天賦の商才」があった。彼らは絹織物、綿織物、敷物、馬や金器・銀器と交換に、広大で神秘的なインドから、貴重な木、竜涎香《りゅうぜんこう》、そして何よりもあらゆる種類のスパイス、特に高く評価されていたコショウを持ち帰った。新たな発見を渇望した彼らはセイロンへも向かい、そこでシナモン、黄金、象牙、サファイアを買い入れた。さらに、敵対的なマレーシアの沿岸地帯へまで向かい、ナツメグ、クローブ、白檀の取り引きをした。

アラブ民族やその支配下にあった民族は、もちろんこうしたスパイスを料理に使ったが、さらに軟膏やシロップ、香水にも使った。

預言者ムハンマドはこう言ったという。「人生で愛した物は三つある。祈りと女性、そして香水だ」

それに倣ってか、イスラーム諸国は香水を大量に消費した。モスクのかたわらでは、香り付けした水や油、香りのする数珠《じゅず》、香炉を売っていた。公衆浴場――アラビア語でハンマーム――にはスパイス入り香水がふんだんにあった。

昔の人の清潔さを考えると、われわれ現代人は自らの衛生観念を考え直したくなってくる。彼らに羨ましがられることが何かあるだろうか。どうもなさそうに思えてならない。

アラビア・イスラーム文明はやがてその頂点を迎える。文学、科学を圧倒的にリードし、近代幾何学、数学、三角法、天文学、地理学を生み出し、あるいは発展させた。医学的知識を飛躍的に豊かにした。紙の製造を促し、それによって知識の伝播を容易にした。十字軍の時代にだれの目にも明らかになったが、西洋よりもはるかに進歩的だった。

ジグリッド・フンケは書いている。「西洋が経済発展の道を歩み始めたのは、禁止と公式の敵対政策にもかかわらず、アラビア・オリエントとの貿易に門戸を開いたときからだった。技術、衛生、行政面でのムスリムの成果を横取りし、さらに文化面でもムスリムの成果を採り入れることによって初めて、西洋の精神は数世紀に及ぶ鈍磨からようやく目覚め、飛躍を遂げるべく翼を広げた[*5]」

アラビア・オリエント世界とラテン西洋世界のこうした接触に、スパイス貿易は大いに貢献した。

残念なことに、チンギス・ハーン率いるモンゴル軍による侵略で、これほど輝かしかったこの文明が無に帰すことになる。一二五八年、バグダードはほぼ破壊され、バグダードのカリフとエリート層は惨殺された。知識人と科学者も殺され、彼らの本も破壊され、焼かれた。モンゴルの軍靴に踏みしだかれたアッバース朝の文明は衰退していく。

だがイスラームはこの残忍な遊牧民より長く生き残る。

そしてスパイス貿易もまた生き残った。

証拠は？　ローマ帝国の崩壊後、交易路のいくつかが閉ざされて、勢いが鈍ったとはいえ、中世西洋もスパイス熱を免れてはいなかった。

特に十字軍の時期、イスラーム・オリエントとの接触によって熱狂は全開となった。聖なる地で、十字軍は「不信心者」の食卓の豪華さに驚く。このとき、オリエントの生活術が秘めている洗練にことごとく触れることになった。また一〇九九年トリポリでのサトウキビなど、オリエントには目新しい物が存在していることも発見した。

ヨーロッパにスパイスを運んだのは、ヴェネツィア、ジェノバ、アマルフィといった当時の大都市国家所属の船だった。地中海に入ると、スパイスはマルセイユやエーグ＝モルトなどの港で売られ、その後、シャンパーニュ、ブリー、フランドルといった地方や、さらには何とロシアのノブゴロドの大市の売り台に並んだ。それほど大きくない町でも、ハーブの卸売市場があった。

シャルル五世の料理人だったタイユヴァンがすべての料理にスパイスを加えたのは、もちろんスパイスが味を調えるからだが、肉の保存を利かせたり、ねかせた肉の強烈な匂いを和らげる目的もあったようだ。コショウ、サフラン、シナモン、ナツメグ、ジンジャーがそうした用途に使われた。

épice（スパイス）という言葉がフランス語に登場するのは、一一五〇年頃のことだ。語源はラテン語のspecies（種《エスペス》）であり、その頃は、香辛料から麻薬まで当時の薬品に属するあらゆる種類の物を指していた。

タイユヴァンは、十四世紀末に書いた最初の料理書『Le Viandier（食物譜）』の中で、当時最もよく使われたスパイスを挙げている。「本書に欠かせないスパイスは、ジンジャー、シナモン、クローブ、メレゲッタ・コショウ（グレインズ・オブ・パラダイス、楽園の種子）、長コショウ、スパイクラベンダー、丸コショウ、シナモンの花、サフラン、ナツメグ、ローリエ、ガランガ、マスチック（またはマスチックタイム）、ロレス［何を表すか不明とされる］、クミン、砂糖、アーモンド、ニンニク、玉ねぎ、ネギ、エシャロット」

スパイスは貴重で高価だったため、手に入れることができたのは最富裕層だけだった。高価なものを指して「コショウのように高い」という表現があったほどだ。使い道はいろいろあった。贈り物として、また持参金にもなれば、税金を払ったり、商取り引きの裏付けとなったり、自由を買い取るためにも使われた。ブルゴーニュ地方スミュール＝アン＝オーソワのノートルダム参事会教会の農奴は、一ポンドのコショウを払って自由の身となった。

コショウはまた、裁判に勝つために司法官の歓心を買うのにも使われた。賄賂以外の何物でもない。「裁判官のスパイス」とか「法廷のスパイス」などと呼ばれたものだ。司法官があまりに薄給だったため、一四〇二年パリ高等法院は、敗訴した側が払う訴訟費用に報告官へ送るスパイスも加えることを妥当とした。だが、勝訴した側は、有利な判決を引き出すためあらかじめ贈り物をしているわけだ。報告官の職はこうしてみなの垂涎《すいぜん》の的となり、他の評定官がスパイスの平等な分配を要求するまでになった。

この方式は革命でようやく姿を消した。ただ今日でも使われる表現に名残をとどめている。

「現金《エスペス》で払う」

古代と同様、中世でもスパイスの医学的効能は称賛された。そもそもスパイス商人が薬剤師を兼ねていることも非常に多かった。食事の締めくくりにドラジェ［木の実などを糖衣で包んだ菓子］で配られるスパイスは、消化を促進し、食欲を刺激すると言われた。サフランとカルダモンは、息を爽やかにした。ナツメグはある種の病気を治し、さらに大量に摂取すれば幻覚をおこすという評判だった。イタリアでは、サレルモの名高い医学校で、傷口の消毒と治癒のために、コショウやクローブの湿布が推奨されていた。今日でも歯科医にはよく知られた方法だ。一方でこの医学校は、媚薬と言われたナツメグやジンジャーの使用には慎重だった。ナツメグには、強い警戒心さえ示している。「ナツメグ一個は体にいいというが、二個目は健康を害し、三個目で死ぬ」。今日、ナツメグが覚醒剤の調合に入っていることを知るわれわれとしては、真剣に受け止めないわけにはいかない。

スパイスをベースにした調合、軟膏、クリームはたくさんあった。最富裕層は、「ポマンデ」、すなわちりんご型の金属の容器を肌身につけていた。スパイスと香辛料を混ぜたものを入れておき、病気が流行すれば思い切り吸い込む。これは少数の特権層に限られていた。

一三四八年、「黒死病」と言われたペストの大流行のとき、残念ながらこれを目にすることになった。

モンゴル由来の細菌が主にノミとげっ歯類によって媒介され、ヨーロッパの三分の一ともいわれる範囲を壊滅させた。腺ペスト、敗血ペスト、肺ペストが、電光石火の速さと恐るべき死亡率で広がった。患者は二十四時間から四十八時間で命を落とす。町も村も道には死体がごろごろと転がり、ネズミに貪り食われた。

この大災厄と闘うため、祈りと告解の秘蹟に加えて、ノミのつきやすい衣服を燃やすことが勧められたが、とりわけ頼りにされたのがスパイスと香辛料だった。クローブと塩、アイリスの粉末をまぜたブランデーや香り付けした酢で体を洗ったり、スパイスや香、香辛料をベースにした調合を吸い込んだり、空気をこの「瘴気《しょうき》」から清めるために、耐熱容器で香を焚いたりすることが勧められた。

だがこの方法が常に期待通りの結果をもたらしたわけではない。十四世紀半ば、犠牲者はあまりに多く、混乱の中で良識は失われ、みな生存本能のままに、あらゆる手を尽くして逃れようとした。ペスト患者の持ち物――家具や衣服など――の焼却と処分は、災厄の広がりの前には焼け石に水と思えた。男も女もしばしばパニックに陥り、自ら命を絶ったり、生きたまま葬られた。無用の苦しみを避けさせるため子どもを犠牲にした母さえいた。死体の追剝《おいはぎ》は数知れず、聖職者も恐怖に駆られて、死にゆく人の告解を受けずに見捨てた。

黒死病は壊滅的な被害を与え、その思い出は長く集団記憶に刻まれた。

一七二〇年にマルセイユを襲った、ヨーロッパ最後のペスト大流行のときも、病から身を守るためにスパイスが使われた。香辛料とスパイスをベースにした調合「四人の泥棒の酢」が、道で死体を集める仕事に携わる人たちの感染を防ぐと請け合われた。

逆説的だが、時代の不幸のために貴重な調味料に対する興味が失われなかったのだ。

スパイスの高価さは、ペスト流行が過ぎ去った後も常に変わらなかった。一三八五年、アントワープの石工の親方の場合、夏の一日の稼ぎはフランドル・グロ銀貨十一枚だった。だが一ポンドのサフランは一四四グロ、一日の手間賃の十三倍もした。

実入りのいいこの貿易の恩恵を特に受けた都市が一つある。ヴェネツィアだ。統領《ドージェ》の治めるこの都市は十一世紀以降すぐに中世のスパイス取り引きの拠点となった。

スパイスがアラブ商人の手でアレキサンドリア、キプロス、コンスタンチノープルといった港に運ばれてくると、ヴェネツィアをはじめいくつかのイタリアの共和国が、コショウ、シナモン、サフラン、ジンジャーなどの調達に向かった。だがこのゲームにかけて最も巧みだったのは、間違いなくヴェネツィアだった。ヴェネツィアはライバルにまったく手加減せず、ビザンチン帝国から、帝国全土での重要な税の優遇を首尾よく獲得した。

外交と貿易を結び付けるこの手法は、十字軍のとき最もうまみの多い成果をもたらした。十字軍部隊の輸送を行った大型帆船が大量のスパイスを積み込んで無事帰港し、ヴェネツィアに巨額の富をもたらして、海洋帝国の建設を可能にした。この貴重な商品をインドや中国国境まで探しに行くことはアラブ人にまかせたものの、ヴェネツィアは、やはり獲物を狙うジェノバと死闘を繰り広げつつ、地中海でのスパイス貿易の独占を少しずつ確立していった。

このヴェネツィアの優位は十五世紀まで続く。しかしアラブ人の優位と同様、ヴェネツィアの独占はやがて、決定的な打撃を受けて終わりを告げる。

大航海時代がやってきたのだ。それは新しい海洋航路の時代だった。ヨーロッパ人は黄金だけではなく、オリエントのスパイスにたどり着く新航路も探し求めていた。

新たな登場人物が舞台に姿を現す。ポルトガルである。十五世紀初めから、航海王子エンリケの後押しの下、船乗りや地理学者たちが、アフリカ沿岸、マデイラ島、アゾレス諸島、そしてギニア湾を探検した。一四八七年、バルトロメオ・ディアスは喜望峰を回り、インドへ向かうアフリカ航路を開いた。エンリケは彼らの使命をこう記している。「スパイスを探せ、キリスト教に改宗させよ」

一人の男が別の道を選んだ。クリストバル・コロン（コロンブス）。アラゴン王フェルディナンドに仕えていたこのジェノバ人は、インド到達をもくろみ、西に向かって船を出すことに決めた。一四九二年八月三日、自らの夢を追い求めて出航するが、たどり着いたのはインドでもアジアでもなかった。十月、キューバ、次いでハイチに上陸する。

インドに到達したとばかり思い込んでいたコロンブスは、この発見の栄光を携えてスペインに帰還した。船倉には、特にアンティル諸島のトウガラシなど新しいスパイスが積まれていた。この後、一四九八年と一五〇二年の二度の航海で、コロンブスは西を回って「東インド」に到達したのだという仮説に確信を深めた。

だがスペインが西へ向かって探し求めた新航路を、東で発見したのはポルトガルだった。一四九七年、二十八歳の若き船長バスコ・ダ・ガマは喜望峰を回ってアフリカの東海岸を北上し、マラバル海岸のカリカットに到達した。

今度は、アラブ商人の独占は確かに打撃を受けたようだった。

バスコ・ダ・ガマはカリカットのスパイスを持ち帰り、一五〇二年に再び出航した。だがこの間に他のポルトガル人冒険家も海に乗り出し、貴重な香辛料を追い求めてしのぎを削った。

間もなく数十隻のポルトガル船が、インド洋を行きかうようになる。無駄にする時間はない。アラブ人によるスパイス貿易の独占を崩したいなら、外交に頼るのは得策ではない。武力に訴える方がいい。そしてポルトガルは武力には事欠かなかった。

バスコ・ダ・ガマもジョアン・ダ・ノヴァ［スペイン出身でポルトガルに仕えた航海家］も、インド総督・艦隊司令官アルフォンソ・デ・アルブケルケも良心の呵責《かしゃく》に苛《さいな》まれなどしなかった。反抗する先住民の手足を切り、首をはね、カリカットの王の元に送るのは日常茶飯事だった。強情な商人を切り刻んだ揚げ句、カレーにしてはどうかと王に送り付けたり、メッカから帰る船に火を放って巡礼者を残らず絞首刑にしたこともあった。

すべては、帝国を築いてオリエントでのスパイス貿易を支配し、アラブ人にとって代わり、ヴェネツィアとジェノバという強大な都市国家を追い落とし、ヨーロッパ北部での取り引きを発展させるためだった。こうして十六世紀には、リスボンでのコショウの値段は、ヴェネツィアより五倍も安くなった。

カール五世はポルトガルがスペインを支配しかねないことにいらだち、ポルトガルの優位を打ち砕こうとした。どのようにして？　西からアメリカを回ってモルッカ諸島に到達しようという、マゼランの途方もない計画を受け入れることだ。

遠征は悲惨な結末を迎えた。苦難の航海の末、フィリピン諸島に到達したものの、マゼランはそこで、先住民の毒槍を額に受けて命を落とした。探検に出航した五隻のうち、スペインに帰還したのはたった一隻、二七〇人の船乗りのうち、寒さと飢え、嵐、壊血病、発疹チフス、腸チフスを生き延びたのはわずか十八人だった。

せめてもの慰めは、マゼランが海を発見し「太平洋」と名付けたこと、そして帰還を果たした船の船倉にクローブの木が積まれていたことだった。

この遠征が失敗に終わり、リスボンはスパイス貿易の女王の座を維持した。われもわれもと、インドのコショウ、中国のジンジャー、クローブやナツメグを求める商人がリスボンに押し寄せた。

西洋の深層でうずいていた覇権への強い欲望は、ヨーロッパ諸国を衝突へ向かわせた。十六世紀末になると、海洋大国ポルトガルは衰退し、かわってオランダが、スパイス貿易による莫大な利益を狙う。

実はオランダ船は十四世紀から、バルト諸国の穀物や木材を西ヨーロッパに運び、戻るときに、ポルトガルがインドから持ち帰っていたスパイスを運んでいた。

一五七九年、スペイン王フェリペ二世は、七年前に併合したオランダが独立宣言を行うことを決めたため、罰を加えることにした。報復という名目で、王は、スペイン人であれポルトガル人であれ、臣民に、オランダ人との交易は一切まかりならぬと禁じた。

この禁止はかえって、オランダにとっては絶好の機会となった。オランダ人は、ポルトガルという仲介を通さずスパイスを直接調達しに行くことを迫られた。

こうして一六〇二年、貿易会社数社を統合して、オランダ東インド会社が設立された。その特権は、喜望峰の東およびマゼラン海峡の西に位置する海での航海独占権、交戦権と和平権、外国船の拿捕《だほ》・接収権、要塞建設・貨幣鋳造権など、きわめて広範にわたっていた。また何よりも、六〇〇万フローリンの資本があった。オランダの六大都市に加え、貿易によって一獲千金をもくろむ多くの個人が出資していた。

摂政時代のフランスにはるかに先駆けて、オランダは、株式会社を知っていたのだ。

武力のみに訴えたポルトガルとは違い、オランダは実際的で巧みな手腕を見せた。手を広げすぎることなく、限られた目的に集中する。まずモルッカ諸島とそのナツメグに狙いを絞り、次いでマラッカ、セレベス、セイロン、そしてマラバル海岸を独占していった。

間もなくアムステルダムは、スパイス取り引きの新たな中心地となった。バタビア（現在のジャカルタ）の倉庫に眠るあらゆる種類のインド洋のスパイスが、強力に武装した戦艦に護衛されてヨーロッパに向かう。オランダにとって、ポルトガルやヴェネツィアのように支配者の座を追われるのはまっぴらだった。そのために、生産を合理化した。

専門家ブリジット・ブルニー＝ロマニエは書いている。「生産地とその栽培に関することをまったく知らず、スパイス取り引きにしか関心がなかったヴェネツィアやロンドン、リスボンと異なり、オランダは、一層近代精神にかなった戦略を適用した。覇権の鍵が依然として調達源にあることを理解していた彼らは、スパイスの合理的栽培と生産物の厳格な選別を導入し、価格と供給を調節するために余剰を廃棄することをためらわなかった。生産地から輸送を経て消費地に至る全過程の支配に加え、厳格なコスト管理が行われた。安上がりで、高温多湿の気候に耐える労働力を用いたのだ。奴隷である*6」

言うまでもなくこの方策の代償は、地元住民が払った。奴隷に貶められた他、大量殺害され、強制移送され、プロテスタントに改宗させられた。丸ごと壊滅させられた村々もあった。市場価格が暴落したり、競争相手に肩を並べられる目に遭うくらいなら、オランダはシナモン、クローブ、ナツメグを倉庫に眠らせ、栽培を制限し、あるいはあっさりと収穫を廃棄した。「スパイス農場」は情け容赦ない元兵士の指揮下におかれ、「夜警」に警護され、種や挿し芽を盗もうものならその場で処刑だった。

こうしてオランダは、十七世紀を通じて独占を確立した。それは、人間も環境も二の次にした、とどまるところを知らない資本主義の一形態であることはきわめて明白だった。

スパイス貿易をめぐり、スペイン、イギリス、ポルトガルとの間に経済戦争が起こる。イギリスとオランダはインド洋と東南アジアで、生産地と海路の支配権をめぐって衝突した。しかし、オランダが優位に立っていたことは議論の余地がない。オランダに自国の港の利用を禁じていたスペインも、スパイス取り引きだけでなく穀物とボルドーワインの市場をほぼ全面的に支配していた国を、長く遠ざけておくことはできなかった。

しのぎを削る列強の中に、フランスがいないことに驚く向きもあるかもしれない。海に面してはいたものの、当時フランスは海上の競争には加わる力がなかった。十七世紀フランス海軍は情けない有様だった。長く陸上交易の要衝だったフランスは、陸に依存し過ぎたのか、追従すべきだと考えず、近隣諸国にも大きく後れをとった。一六六四年コルベールは、北西部ロリアンに本拠を置く「フランス東インド会社」を設立したが、順風満帆とはいかなかった。十八世紀初頭には民間の船主に会社の特権を譲り渡すことまで迫られた。中国を除いてどの国とも取り引きを許されるようになった民間船主は、「サン＝マロの紳士たち」と呼ばれ、巨万の富を築いた。

摂政時代の新しい「インド会社」もやはり惨憺《さんたん》たるもので、いくらか軌道に乗るには一七四〇年まで待たねばならない。

それはとりわけ一人の男のおかげだった。ピエール・ポワーヴル（一七一九～一七八六）。その名は奇しくも「コショウ」を意味する。オランダはナツメグとクローブの産地モルッカ諸島の独占に目を光らせていたが、この植物学者は、コショウ、ナツメグ、クローブの木を盗み出し、モーリシャス諸島とレユニオン島の土壌に順応させることに成功した。

ポワーヴルは情熱家でしつこい男だった。ポワーヴルが花の咲き乱れる自らの農園を国王ルイ十五世に売却した後、あとを引き継いだモーリシャス島地方長官の手紙がそのことを示している。

「ポワーヴル殿、貴殿はこのフランス島（現モーリシャス島）の最大かつ最重要の責務が貴重なスパイスの木の世話にあるとお考えのようです。しかし私にははるかに重要な任務があります。貴殿は出発前、何日も一日中、クローブとナツメグの話をされ、それでもなお足りず、今また絶えずその話を持ち出される。率直に申し上げて、私はスパイスの木にはほとほとうんざりでありあります。商業的観点から見ますと、貴殿は作物を大切にされるあまり、その重要性を過大に考えておいでだと拝察します」

地方長官メイヤル＝デュメルの言ったことは誇張ではない。スパイス熱は当時、明らかに冷め始めていた。栽培地帯が増えたため、ヨーロッパ市場で価格が下落した。何よりも、好みが変わっていた。コショウ、クローブ、ナツメグはまだ評価されていたが、カルダモンとサフランは軽視され、シナモンとジンジャーは菓子でしか使われなくなっていた。

これ以降、料理人たちは、スパイスより「地元の」香草の方を好むようになる。タイム、ローリエ、バジル、チャイブ、チャービル、エストラゴン。また、シチューやファルシにはトリュフやシャンピニオンが、またケイパーやアンチョビーも多く使われるようになった。それまでは混ぜて使われることがよくあった塩と砂糖は、別々に使われるようになり、砂糖はもっぱらデザート用になった。

エルナン・コルテスがメキシコから持ち帰ったバニラは菓子職人の人気を得たが、トウガラシの方はヨーロッパでは常に嫌われていた。アステカ人の凶暴性の評判も大きく関わっていたようだ。征服者《コンキスタドール》［十六世紀初頭に中南米に遠征し略奪や植民地経営を行った者、主にスペイン人を指す］は、当時、新大陸の先住民がトウガラシでチョコレートに味付けしていることを知っていたが、矢に毒を塗ったり敵を拷問するのに使っていることも知っていた。コンキスタドールの子孫にもその記憶が受け継がれていたに違いない。彼らはトウガラシの味をまったく評価せず、栽培化はバスクのエスプレット地方でしか行われていなかった。

貴重なスパイスを求めてヨーロッパ人が世界中を駆け巡るのを見ると、旧大陸もスパイスを産していたことを忘れそうになる。ジュニエーブル（ジュニパーベリー、ネズの実）、キャラウェー、コリアンダー、クミン。また中世に、聖書にも出てくるカラシナの種を葡萄液と混ぜ合わせて作られていたマスタードもである。マスタードの語源の一つとして、ラテン語の mustum ardens、フランス語で moût ardent（焼けつくような葡萄果汁）が言われているのは、この製法に基づくものだ。

マスタードの使用はヨーロッパ中に広がり、最高権力者を魅了した。ルイ十一世は外出にはマスタードの小瓶を必ずもって行った。十六世紀の法王クレメンス七世も大層入れあげていた。法王ヨハネ二十二世［アビニョン捕囚時代の法王］は、あまりに始終使うので、「お抱えカラシ業者」を置くことを思いつく。法王は可愛がっていた甥にこの任務を任せることにしたが、この甥は稀に見る無能さで知られ、間もなく「法王のお抱えカラシ業者」といえば、こっけいなほどうぬぼれている人間を皮肉る言葉となった。

オリエント由来だがヨーロッパで栽培されたスパイスとして、絶大な成功を収めたものがもう一つある。歓びをかき立て、内臓を丈夫にし、肝臓を休ませるといわれたサフランである。こんな話もある。紀元前三二七年、カシミールのサフラン畑の真ん中である予兆を目にしたアレクサンドロス大王は、それ以上征服を進めない決心をしたという。どんな徴《しるし》だったのだろうか。今となっては知る由もない。

サフランは今日でも最も高く評価されているスパイスであり、また最も高価なものでもある。原料となるのは別にどうということもない花だ。「アスファル」というアラビア語の名がつけられたクロッカスの一種で、サフランという名はそこから来た。だが一キロの乾燥サフランを得るには約十五万の花が必要だと知れば、その貴重さと高価さも納得がいく。

苦い、甘い、爽快、刺激的、ピリっと辛いといったオリエント由来のスパイスは、十八世紀初めには味付けの主役の座を降りていたのだ。一七三九年、スービーズ元帥の司厨長《メートル・デトル》フランソワ・マラン［『Les Dons de Comus ou les délices de la table（コーモスの贈り物、または食卓の悦楽）』］は、「凡人は、調味にスパイスを使い過ぎる危険に陥りやすい」とまで言っている。

それでもヴォルテールは、スパイスがまだずいぶん使われ過ぎていると不満げだ。「正直に申し上げまして、胃袋が新手の料理《ヌーヴェル・キュイジーヌ》をまったく受け付けません。塩味のきついソースの中で泳いでいる仔牛の胸腺は口に合いません。……七面鳥、野兎、兎の挽き肉の混ざったものを、一種類の肉だと思えと言われても困ります。ハトのクラポディーヌ風［骨を除いて開き、グリルしたもの］も、皮の付いていないパンも願い下げです。……料理人と言えば、ハムのエッセンスを入れたり、モリーユ［アミガサタケ科のきのこ］やシャンピニオン、コショウ、ナツメグを入れ過ぎて、そのままならとても健康にいい料理を別物にしてしまうのには耐えられません*7」

いずれにせよ、こうした新しい料理がスパイスの流行に引導を渡した。十九世紀、スパイスの消費は明らかに減少する。化学的成分が発見され、もっと手頃な価格の合成物が生成されると状況は一変した。

それでもスパイスに魅せられ続けている美食学者はいる。フェリックス・ポタンやオーギュスト・フォションのおかげで、フランス人は、それまで量り売りされていたスパイスを小瓶や小袋や箱入りで見つけられるようになった。

スパイスが軽んじられ、塩と砂糖しか残らなかったことを嘆かずにはいられない。もちろん今日、優れた料理人たちがカルダモンやジンジャー、コリアンダー、八角の忘れられていた風味を再発見している。しかし、帝国がそのおかげで富を築き、その貿易をめぐってしのぎを削った時代は遠く過ぎ去った。

第二章　テーブルへどうぞ！

「テーブルにつく」という表現は、最初から今日のような意味を持っていたわけではない。そもそも、私たちが毎日座っているようなテーブルは二〇〇〇年前には存在しなかった。われらフランス人の直接の祖先、ギリシャ人とローマ人は、少なくとも饗宴のときは、わざわざ横になって食事をとった。

アテネ民主制の完成者ペリクレスの世紀（紀元前五世紀）には、宴に招かれた客はみな、二人用の寝台に横になったようだ。こうした寝台の前に、料理を乗せる小テーブルが並べられた。奴隷にまず足を、次いで手を香りのついた水で洗わせた後、男たちは――というのも女性は食事の支度以外にはほとんど加わらなかった――、給仕が運んでくるさまざまな料理を味わった。踊りが彩りを添えた。

小テーブルには皿はなく、平たいビスケット、マザが置かれていた。フォークはなかったが、肉を切るナイフとピュレ用のスプーン、そして木製か金属製の深皿があった。

当時すでに――まだ指を使っていたとはいえ――、地中海の香りを放つ、オリーブ油とスパイスで調理した料理を食べることができた。

豚肉を除けば肉は高かったが、ギリシャの食卓には魚がふんだんにあった。ウナギ、マグロ、アナゴ、パーチ（川すずき）、イワシ、アンチョビー、イカ、貝類、すべて豊富だった。もともとは固形食物なら何でも指していた「opson」という語が、しまいには「魚」だけを意味するようになったほどだ。

どの料理にも野菜の付け合わせがついた。エンドウ豆、そら豆、レンズ豆、カブ、キャベツ。それから山羊のチーズ。そしてデザートとして、蜂蜜とレーズンとくるみ入りのしっかりした粉菓子。特別な菓子もあった。女性の胸や体を象《かたど》った菓子だ。大地の女神デメテルや冥界の女王プロセルピナに捧げられたこうした菓子は、豊饒の象徴だった。

こうした酒盛りでギリシャ人は、蜂蜜酒、山羊乳、水割りのワインを飲んだ。食事が終わりに近づくと、一層強いワインが供される。タイムや蜂蜜、シナモンで香り付けされ、革袋やアンフォラ〔両耳付きの壺〕で保存されたワインが、飲む直前に、ディノスと呼ばれる瓶で混ぜ合わされた。

食事が終わる頃、最後にやってきた客も貝類やチーズ、菓子、果物、ベニエを味わうことができた。

「スパルタのブルーエ〔細かい肉と脂肪の粗末なスープ〕」とも、またローマ軍で出されていた穀物粥ともかけ離れた食事だ。

今日知られている最初の料理書を書いたアピキウス、レタスにワインで水やりをしたアリストクセノス、新しい料理を考え出して持ってきた者には金貨一〇〇〇枚を払うと言ったアッシリア王アッシュールバニパル（サルダナパルス）、高名なローマの将軍ルクルス、また魚二〇〇〇匹、猟鳥七〇〇〇羽の並ぶ饗宴を催したルキウス〔スエトニウス『ローマ皇帝伝』によれば、皇帝で飽食三昧の兄アウルス・ウィテリウスのために用意したという〕、そして真珠をかみ砕くのが皇帝らしい楽しみだったカリギュラといった名が記憶に残っている。

ローマというと乱痴気騒ぎの宴会のイメージが強いが、それは間違いだ。現実には、ギリシャ人もローマ人もふだんはむしろ質素だった。ローマ人の家では、午後遅く、入浴の後でなければ、まとまった食事を口に入れることはほとんどなかった。

その代わり饗宴——必ずしも今日の意味での乱痴気騒ぎではない——のときは、食事は豪勢だった。平均で七を下らないサーヴィス。オードブルとして貝類——カキ、ハマグリ、ウニ——、前菜には雌豚の乳房、ウグイス類のロースト、次いで肉料理が数皿——若鶏、鴨、イノシシ、のろ鹿——、そして最後はギリシャと同様、非常に甘くて重い粉菓子。

それぞれの料理には、焼きたての小さなパンとたいていは水で割ったワインがつく。

こうした饗宴は、八時間も続くことがあった。クッションが置かれた寝台——トリクリニウム——にゆったりと体を伸ばし、四角いテーブルの周りに寝そべる姿勢は、故なきことではなかったようだ。

ローマの料理は新味を狙い、洗練も行きすぎていく。ある饗宴で供せられた料理の一覧は、さながら動物園の行列だ。鳥の舌のパテ、ラクダの蹄、オウムの頭、象の鼻、雌豚の子宮……。

幸いなことに、料理がいつもこれほどエキゾチックだったわけではない。歴史家アンドレ・カストロは『Histoire à table（食卓の歴史）』で、アウグストゥスに近しい友人だった騎士身分の市民ガイウス・マティウスのものとされるレシピを紹介している。同時代人の舌を楽しませた、マティウス風ミヌタルという一種のシチューだ。「土鍋の中に、油とガルム[*1]とブイヨンを入れ、ポロネギとコリアンダーのみじん切り、小さなクネル（肉のすり身を円筒形にまとめたもの）、茹でておいた豚肩肉の角切りを入れて煮る。途中で、芯を取り除いておいたマティアン[*2]を切って入れる。別にコショウ、クミン、グリーンコリアンダー、ミント、シルフィウムをすりつぶし、酢、蜂蜜、ガルム、煮詰めた葡萄汁を加える。肉の煮汁少量を入れ、酢少量を加えてかきまぜる。これを肉に加えて煮立たせ、パン粉を加えてとろみをつけ、コショウを加えて供する」[*3]

こうしたエキゾチックな料理は、われらが先祖ガリア人のお気に召しただろうか。どうもそうではなかったようだ。ギリシャ人とローマ人を前にすると、ウェルキンゲトリクスの同時代人たちは見劣りしたようなのだ。食事のときは、たいていは地べたか乾草の山に、主人か最も有力な会食者の周りに半円を描くように座っていた。指を使い、食べ物は主に焼くか茹でた肉で、強い味つけがされていた。ガリア人はスプーンやフォークを使って食べることを知らなかった。大麦のビールか、ギリシャやイタリアから輸入したワインを飲んでいた。大酒を飲み、会食者が酔った揚げ句、刃傷沙汰に至ることまであった。

幸い、ローマのおかげでこうした慣習はいくらか文明化された。寝台に横たわるとまでは行かなかったが、ガロ・ローマ人は食事の時に、柳の細枝を編んだ肘掛椅子やスツールを使うようになった。長椅子に座ったりもした。最も裕福な家の食堂では、クロスをかけたテーブル、陶器、深皿、皿、椀、スプーン、さまざまな色のガラス器さえ使われた。

ただ食べ物の方は、大して代わり映えしなかった。相変わらずこってりとしていた。豚肉、ジビエ（猟獣・猟鳥）、脂肪の多い重たい肉を寝かし、強いソースをかけていた。ローマが導入したのは魚と海の幸だけだ。鮭、ブロシェ（カワカマス）、アローサ、カキなどがわがご先祖のお気に入りだった。

そして……そして、例の大麦のビールの傍らに、ガリアのワインがわずかに顔をのぞかせている。ベジエの赤ワインと白ワイン、ボルドーのワイン、ブルゴーニュのアエドゥイ族［ロワール川とソーヌ川の間に定住したガリア人］のワイン、ヴィヴァレ山地［中央山地の東縁］のワイン、モーゼルのワイン。

この食習慣は、メロヴィング朝、カロリング朝でも続いた。ジャム、パテ、トゥルト［パイ包み］、そして、家で焼かれた大きな丸型のパンが加わった。

ガリア人の食卓には銘々の皿はまだなかった。スプーン、ナイフ、長いフォークが、肉を切り分けて供するのに使われた。食卓用ナプキンはまだ、食事の残り物を運ぶためにしか使われていなかった。

ガリアのローマ化につれて、もう少し洗練されてきたが、相変わらずテーブルに乗っているのは、ふんだんな豚肉加工食品――最も高く評価されていたのはアルザス地方やフランシュコンテ地方のものだった――、ガチョウ、あらゆる種類のジビエだった。

テーブル！

シャルルマーニュ（カール大帝）は、饗宴のとき、最も盛大な食卓を設えるのを好んだ。十一人の同輩衆が座り、一〇〇人の酒倉係が給仕し、一〇〇人を超す「食糧調達係」が食べ物を配る。

贅沢さは目をみはるばかりだった。快適なクッションが置かれた長椅子に腰かけた大帝には、金や銀の食器、高価な敷物、宝石類をちりばめた壺が用意されていた。

「豊かなひげの」大帝は一人で食事をした。同輩衆は給仕をし、自分たちの食事の番を待った。サラダも供されたが、何よりも大量のパンにのせた肉、それから果物と粉菓子の山。大帝も会食者も、指と各自のナイフで食べた。酒はがぶ飲みされ、当時「サンテ」と呼ばれた乾杯が行われた。何と「健康《サンテ》にいい」ことか。証言を信じるなら、乾杯の揚げ句、一同酩酊《めいてい》状態になることがあまりに多く、大帝自ら事態の収拾にあたらなければならないほどだったという。

大帝は大食漢だったのか。どうもそうではないらしい。年代記作者によれば、大帝は肉よりも野菜を好み、飲み食いは控えめだったという。そのかわり「丸く結球したレタスと若い女性」を愛した。

構成が知られている大帝の菜園が証拠になりそうだ。菜園には多くのサラダ用野菜——レタス、クレソン、エンダイブ、ロケット——、カボチャ、キャベツ、エンドウ豆、インゲン豆、ラディッシュ、ポロネギ、キュウリ——遠くヒマラヤ地方から来た——、そして、ミント、セージ、パセリ、チャイブ、チャービルといったハーブや香草があった。

果樹も忘れられてはいない。りんご、洋梨、さくらんぼ、すもも、ヘーゼルナッツ、アーモンド、イチジク、クワなど。

だからわれらが祖先として——富裕層でさえ——、肉汁のしたたる肉に目のない、村の「ガルガンチュア」を思い浮かべるのは行きすぎというものだ。最も質素な層になると、古代でも中世初期でも、平たく焼いたり粥にした穀物で空腹を満たしていたことが多かった。それでも、果物と野菜は、栄養が偏ってしまわないよう、充分な量を摂っていた。

中世！

今の私たちからどれほど隔たっていようとも、西洋の美食学が本当に始まったのはこの時ではなかったか。

重要な証拠は……厨房が広くなったことだ。

「暖房兼用炉と言われる、中央に暖炉のある原始的構造では、煙は屋根構造に設けられた単なる開口部から排出されるが、中世の最初の大厨房もこの構造を採用し、やはり、アーチ天井に設けられた、熱と煙を排出するための排気孔が中心になっていた[*4]」

厨房は住居部分に隣接、または連結して、四角、八角、円形に建てられ、世俗的にせよ宗教的にせよ、大きな共同体の場合には、二本の排気孔を備えていることもあった。

堂々とした暖炉の横に、パン焼き窯や、あるいは鍋釜を温めておくために熾《おき》を入れておくかまどもあった。

こうしただだっ広い厨房でせっせと働く使用人の一団がおり、その上には料理長が、「宮殿の守護者」のごとく、有無を言わさぬ権威をもって君臨していた。

料理長を想像してみるといい。公式の晩餐会ともなれば、すべてに目を光らせ、些細なことにも少しの間違いも少しの遅れもないようにと、極度の緊張を行き渡らせる。補佐役としてロティスール、周りには見習いコック、スーフルール、それぞれ専門を持つ雇い人——魚職人やソース職人——がおり、そのほかに若者や子どももいて、野菜の皮をむき、魚の内臓を除き、家禽の羽をむしり、床が汚れれば洗ったり掃いたりする、最も下っ端の雑用を受け持っていた。

厨房はまさに活気に満ちた場所だが、主がやってくることはめったにない。財産に応じて、デジョネやディネ［当時デジョネは、一日の初めの食事であり、正餐すなわちディネであった］をとる場所は、控えの間や私室、庭や護衛の間になる。タイルが貼られているのは公式式典の間だけであり、他の場所では、踏み固められた地面に藁やいぐさ、夏なら干し草を敷いて間に合わせた。病気や「空気の腐敗」を寄せ付けないと言われる花やハーブを混ぜることもあった。やはり富に応じて、壁はタペストリーや枝で飾られていた。

大饗宴となれば、客の食欲をそそるようすみずみまで気配りがされた。

饗宴を告げる音が鳴る。やたらとやかましい。角笛のファンファーレで食卓につくのだ。招待客は手を洗うよう求められる。「角笛が水を告げる」と言われる所以《ゆえん》だ。香草——セージ、マジヨラム——入りの水は、食事の終わりには指と口の周りをすすぐのに使う。

テーブルはすでに用意されている。テーブルといっても、板を架台の上に乗せて組み立てただけのものだ。長椅子も持ち運べる。テーブルを常に置いておくのは大領主だけである。天蓋付きの長椅子や家の主人のためには肘掛椅子がテーブルの周りに置かれる。主人が敬意を表する会食者は主人の近くに、暖炉に背を向けて座る。そこが上座になるわけだ。

親族だけの食事であれば、こうした名誉ある座を占めるのは家長の妻と子どもたちだ。次いで招待客が格に応じてテーブルにつくが、片側に並んで座り、自由に給仕ができるようになっている。客の妻はしばしば下座をあてがわれる。出席者の数が多すぎると、運が悪ければ、別のテーブルや箱、藁束に座る羽目になる。

名誉あるテーブルは分厚いクロスで覆われ、上にもう一枚のクロスがかかっている。会食者の座った側には、一枚の長い布――ロンジエール――が用意されている。会食者は食事の間、これで手や口を拭くことができる。

食卓用ナプキンはまだない。十五世紀にならなければ現れない。スプーンも十六世紀になって初めて広く使われるようになる。フォークはない。ナイフ――各自の――は肉を切るためだけに使われる。右手の親指、人差し指、中指を使って食べることが最も多かった。食べた後は指をしゃぶってもよく、それからロンジエールで拭く。

食事のときは、タイヨワールと呼ばれる木製、陶製、錫製の板の上に、トランショワール、すなわち固くなったパンを一切れ置き、その上に肉を置いた。肉汁がしみこんだパン切れは食事が終わると集められ、貧しい者に与えられた。

こうした宴のとき何を食べていたのだろうか。

まず、食べ物は季節のリズムに従っていなければならなかった。当時の医学は、ヒポクラテスに倣って、食物には、熱、冷、乾、湿という特質があると考えていた。牛肉は乾とされ、メランコリーを引き起こす可能性がある。したがって、牛肉は茹でて食べる一方、豚肉は焼いて食べられた。

スパイスと香草、油、バター、塩にもこの分類があてはめられた。スパイスと香草はふんだんに使われたが、油、バター、塩は少量しか使われなかった。

料理の順番は「合理化」された。

食前の祈りが捧げられると、「アシエット・ド・ターブル」が供される。アペリティフの前身だ。だがこの「アペリティフ」はそれだけで食事になっていた。グルナッシュ葡萄のワインかイポクラス――シナモン、ナツメグ、ジンジャーなどのスパイス入りワイン――を一杯、そして、プティ・パテ、ブーダン、ソーセージ、イチジク、焼きりんご、果物。

その後でおもむろに食卓につく。料理が次々と出される。富裕層では皿数の多さに息をのむ。社会的地位が上がれば上がるほど、主人は料理のバラエティ、豊富さ、そして独自性で客の目を奪わねばならない。どの料理も、テーブルに運ばれてくるときは、できるだけ長い間冷めないよう、皿を伏せてふたをしてある。第一のサーヴィスは、さまざまなスープ、パテ、魚のキッシュ、カキのシヴェ［火を通したカキをスパイスや酢などで煮る］。次いで、海水魚や淡水魚が来る。シタビラメ、ルージェ［ひめじなど赤い魚］、アナゴ、テュルボ（ひらめ）、鮭、カワカマス、コイ、ブリーム〔コイ科の淡水魚〕。さらに肉や魚のロースト。鯖、ネズミイルカ、アローサ、ブリーム、イノシシのテール、子兎。一緒に野菜、牛乳やチーズやアーモンドのフラン。牛乳や卵と小麦の粥が供される。次に来る第三のサーヴィスで食事が終わることもままある。去勢鶏、肥鶏、やまうずら、兎、仔牛、仔豚。

最も重要なのは肉だった。食べ過ぎもあり、それも高貴な階層だけではなかった。家禽、牛肉、豚肉はすべての饗宴に出されたが、富裕層ではジビエや雉、赤鹿、のろ鹿、ツル、ノガン、ハト、そして最富裕層になると、クジャク、白鳥、コウノトリ、サギも出た。十八世紀の歴史家ルグラン・ドシーの表現を借りれば、確かに「クジャクは恋人たちの食べ物、豪の者の肉」と見なされていた。[*5]

デザートも負けず劣らず多彩だった。もちろん果物があり――イチジク、ナツメヤシ、葡萄、ヘーゼルナッツ――、またチーズ、粉菓子、ワッフル、そしてシュプリカシオン――くぼみのあるワッフルで、ラードで揚げたもの。

ようやく「締めくくり《イシュー》」がくる。イポクラスなどスパイス入りワインとともに、ウブリ〔鉄板で挟んで焼いた薄焼き菓子〕などの菓子が最後に出される。

ワインは基本的にこの時に飲まれていた。ハーブ入り、トウガラシ入り、蜂蜜や香草入りの温めたワイン。最も高く評価されていたのは、オーソワ、オーニス、ボーヌ、エペルネ、そしてとくにキプロスのものだった。

中世の食卓では色の多彩さにも驚く。それぞれの料理は、口に快いものである前に、目に快くなくてはならない。大半の料理に、手を加えてあるいは天然の色を活かした色づけが施されていた。赤はいちごやさくらんぼのピュレで、緑はパセリやスカンポやホウレンソウで、白は若鶏、アーモンド、ジンジャーで。ピンクや黄色、ブルーまであった。

バターや油はほとんど使わず、ヴェルジュ——未熟葡萄果汁——をベースにしたソースに卵の黄身とパンの身でとろみをつけた。スパイスと調味料は最富裕層でも貧困層でもふんだんに使われた。特にコショウは、かつてない流行が見られた。その他にも、ジンジャー、サフラン、クローブ、コリアンダー、カルダモン、玉ねぎ、ニンニク、ミント、パセリ、マジョラム、フェンネル、ローズマリー。おそらく「中世ほど、ヨーロッパ料理が他所の味覚に開かれていた時はなかった」からだ。[*6]

食事が終わる……。満腹し、エキゾチックな香りに酔った客たちは、有名な「アントルメ」の間に、踊り子や曲芸師、軽業師、熊使い、楽師、役者、吟遊詩人に喝采を送る。気晴らしと、おそらくは……詰め込んだ食べ物をいくらかでも消化する時間を作るためだ。

たらふく食べて満足したわれらが客たちは少し沐浴し、感謝の祈りを捧げた後、部屋を出て、主人の私室を訪れたり、庭を散策したりする。テーブルは解体され、貧者への施しになるトランショワールが集められるが、それでもまだ「エピス・ド・シャンブル（私室のスパイス）」と呼ばれる甘味が供される可能性がある。一種の「軽食」だ。砂糖や蜂蜜で煮た果物や松の実をベースにしたヌガー、アーモンドやピスタチオ、ドラジェや花梨《かりん》のゼリーで、重くなった胃の消化を良くすると言われていた。

とはいえ「パンタグリュエル」的なこうした宴会は、最富裕層でも日常的ではなかった。貴族の食卓には食べ物がふんだんにあったが、ブルジョワの食卓では、不足はないものの貴族ほど豊富ではなかった。ジビエや羊、仔牛、牛肉はあった。煮込み《ラグー》、煮たり茹でた肉、ツグミやヒバリ、ナイチンゲール、スズメといった小鳥が、スープ――季節や四旬節の勤めに従って肉入り又は肉抜き――や卵、脂肉、果物と並んでいた。

一方、貧しい者にとっては、日常の食事はいくらかの家禽、塩漬けの肉や茹で肉、ニシン、豚肉、牛乳や山羊乳、そして何より、キャベツや脂肉やそら豆のスープ、乾燥野菜と穀物だった。田舎では、穀物を驚くほど消費した。粥にしたり焼いたりした他、最も多かったのはパンだった。原料は大麦やスペルトコムギ、小麦・ライ麦の混合で、使えるかまどがないときは、灰に埋めて焼いた。粗末なもので、すぐに硬くなった。

それでも平均で一日に四〇〇グラム、時には一キロも消費した。

パンはまさに生活の象徴だ。食べ物としてだけではなく、宗教的な意味合いもあった。人は「額に汗して」自らの糧を得、キリストはまさしく「命の糧」なのだ。キリストはベツレヘム――パンの家――で生まれた。また、ミサを捧げるときには、種入れぬパン、聖体を分かち合う。

ワインもまたこのシンボリズムに関わる。ワインは、聖体拝受のもう一つの「形態」、「キリストの血」である。大麦とカラスムギから作る粗悪なビールがまだ飲まれ、ノルマンディーやベアルン、バスク地方のシードルも評価されていたが、ワインは上等なものとして扱われた。イポクラスの他にも、スパイスや蜂蜜で香り付けしたワインや、赤と白の中間の「クラレット」、グルナッシュ［赤ワイン］、ガメ［主にボージョレ地方の赤ワイン］、ピノノワール［ブルゴーニュ地方の赤ワイン］、あるいはキプロスワインが飲まれた。

大量に飲んだのだ。中世では、伯爵家、大司教管区、僧院での日常の割り当て量が、一人一日二リットル以下ということはめったになかった。貧者も金持ちもどんどん飲んだ。宴、祭り、居酒屋でのさいころ勝負は、酔っぱらうためのまたとない機会だった。

だがそこはもう、美食学の守備範囲ではない。

中世は、行きすぎはあったものの、料理の面で創意に富んでいるところを見せた。ルネサンスは、食卓の芸術を大転換させることはなかったが、壮麗さを加えた。

第三章　指からフォークへ

ルネサンス！　ルネサンスと言えば、レオナルド・ダ・ヴィンチ、クルーエ父子、エラスムスに、フランソワ一世、ヘンリー八世…。

人文主義、合理主義、そして革新と好奇心に魅せられた人間を熱くする自由の風が、美食学の世界にも吹いていた。よりよく思索し、よりよく生き、広大な世界をよりよく知る、となれば……よりよく食べる、とならないわけがない。

イタリアの影響で建築家は中世の要塞を外界へと開き、広がった開口部から光を取り入れることを求められた。また厨房を居住部分から切り離し、じめじめして空気の澱んだ、だだっ広い地下に置くようにもなった。繊細さを増した鼻には、匂いが不快になったのだ。

それまで一部屋だった厨房は、さまざまな役割をもついくつかの部屋に分かれた。テーブルを設える城の広間の横に、肉や野菜を保温しておく貯蔵室、保温室が作られた。もっと質素な家々でも、厨房と生活や仕事の場を分ける、この方式が採用された。

テーブルは相変わらず、家の主の意のままに架台を置いて据えられたが、板はビロード織物で覆われ、さらにダマスク織や絹、亜麻布の分厚いクロスがかけられた。ロンジエールは姿を消し、銘々に大きなナプキンが現れた。テーブルの上には、皿、ナイフ、塩壺、スパイスの箱、パン、ナプキン。コップも使われたものの、最富裕層では足つきのグラスが次第に優勢になった。軽くて透明で、精巧に加工されたグラスはヴェネツィア製だったが、ヴェネツィアとドイツの職人の力を借りてフランスでも製造が始まった。ソースやワインが飛んだり、あるいは単にうっかり手が滑ったときに備えて、たっぷりしたラフ〔円形のひだ襟〕やジャボ〔フリル状胸飾り〕が汚れないよう、ナプキンは首にかけて結んだ。

中世にも増して、布類や食器類の豊富さはその家の主の財力を表すものだった。

家具調度も変わる。長椅子にかわって、椅子や折り畳み椅子、スツールが使われるようになった。この大きな変化は、料理の匂いをひどく嫌った気取り屋のアンリ三世による。

トランショワールにかわって、次第に皿が使われるようになる。金属製や陶（ファイアンス）製の皿は、初めは深皿やスプーンと同様、共用で使われた。フランソワ一世はイタリアから戻ると銀皿を半ダースほど作らせたが、皿を銘々で使うようになるのはルイ十四世時代になってからのことだ。

テーブルに座を占めるようになった食器がもう一つあった。フォークである。歯は二本しかない。ヴェネツィアで十一世紀から知られていたが、フランスにはカトリーヌ・ド・メディシスが導入し、アンリ三世がラフやコルレット〔ギャザー付きのレースなどの襟〕に染みを付けないためのまたとない方法とみて採用した。稚児たちもこれに倣い、宮廷の散財に拍車をかけた。宮廷はフォークを無駄と退廃の象徴としか見なかった。モンテーニュもフォーク拒否派だ。

「食卓布なしでも食事をするが、ドイツ式に、白いナプキンなしでは大いに困る。……スプーンやフォークはほとんど使わない。……私は急いで食べるために……時には指を噛むこともある」[*1]

（原二郎訳）

大半の宮廷人は皿で肉を切るのにフォークを使っていたが、相変わらず指で食べていた。新たな洗練は料理術にも見られた。この頃から食事にいくつかの「サーヴィス」ができ、ある程度順番に従って出されるようになる。まず果物——きわめて現代的な傾向だ——、次いで粥、ローストや焼き物、そしてデザートで終わる。それ自体は別段目新しくもないが、料理はますます突飛さを増していった。

王も領主も壮麗さを競い、料理人たちは新しい料理を編み出すのにしのぎを削った。風潮は過剰さ、突飛な盛り付け、常軌を逸した革新に走った。食卓では、豊富さが絶対条件だった。大饗宴のときには、白鳥、クジャク、ツルが供された。あらかじめ皮をはいでおき、火を通した後、もう一度羽をつけて飾る。去勢鶏、雉、若鶏、うずら、詰め物をしたガチョウに加えて、征服者《コンキスタドール》［33頁参照］がメキシコから持ち帰ったキジ目の鳥、七面鳥も仲間入りした。

食事の締めくくりには、輝かしい未来を約束された新しいデザートが姿を見せている。プティ・シュー、メレンゲ、ホイップクリーム、花梨《かりん》のゼリー。だが何よりも、蜂蜜に代わって砂糖が使われるようになっていた。

インド原産と考えられていたサトウキビだが、十字軍が存在を知ったのは栽培化されていたエジプト、パレスチナ、シリアだった。以後、特にアンティル諸島から大量に輸入し、精製して——イタリアの町々が専門に行った——砂糖にする。粉か塊で売られ、「インドの塩」「インドの蜂蜜」と呼ばれた。熱狂ぶりは、オリヴィエ・ド・セール［一五三九～一六一九］が『Théâtre d'agriculture et mesnage des champs（農業経営論）』の中で、ビートからの砂糖製造について、実用化・普及に二世紀も先駆けて語っているほどだ。

中世にも増して、ルネサンスはテーブルマナーとしきたりに関心をもっていた。

一五三六年、『痴愚神礼讃』の名高い著者、オランダの人文主義者エラスムスは、『De civilitate morum puerilium（子どもの礼儀作法についての覚書）』と題する本を書いた。いわば衛生と礼儀作法のガイドブックだ。この中でエラスムスは、食卓につく前には、一人離れて慎ましく用を足すよう勧めている。放尿、排便している人と挨拶するのは不都合だとまでわざわざ記している。もちろん、用を済ませた後、手と爪も洗うのを忘れないこと。またベルトを緩め、くつろいで見えるようにするのも忘れないこと、ただし決して礼を欠いてはならない。さらに、場にふさわしい明るいふるまいも忘れないこと。

「上流の人々と食卓を共にするなら、帽子をとりなさい。ただし髪をきちんと梳かしておくように。飲み物のグラスは右に、また肉を切るナイフも良く拭いて右に、パンは左に。出されたばかりの料理に最初に手を出してはいけない。食い意地が張っていると思われるし、危ない。熱すぎるものを軽率に口に放り込めば、吐き出したり、飲み込みざまに上あごを火傷したりする羽目になる。ソースに指を突っ込むのは田舎者のすることだ。……かじったパンをソースに浸すのは下品である。また嚙みかけの食べ物をのどの奥から取り出して皿に置くのは不潔だ。口に入れた一切れを飲み込めないときは、巧みに向きを変えて捨てる。……べたべたする指をなめてきれいにしたり、上着で拭いたりするのは無作法だ。テーブルクロスかナプキンを使うこと」。別のところでは、料理を食べた後、皿に残ったソースや砂糖を舐めとる習慣を戒めている。「猫のやることで、人のすることではない」

「偉大なる世紀」――十七世紀――は、逆説的なことに、こと料理となると、ルネサンスほど饒舌ではない。

後でまた触れるが、ルイ十四世が恐るべき食欲の持ち主だったことはよく知られている。とはいえ大食だったからといって、美食学に関心がないわけではなかった。ヴェルサイユには、ほとんどどの季節にも果物や野菜が手に入る菜園が備わっていた。

厨房は相変わらず地下に置かれ、家の主人を決して不快にさせないように設置されていた。以前よりも明るく、空気もいい。何よりもこの頃から、配置に秩序と厳格さが出てきた。一六七四年のある概論書は、厨房の名に値する場所にあるべき家具と道具を残らず挙げてあると胸を張っている。テーブル、肉を薄く切ったり刻んだりする肉切り台に始まって、銀や錫の食器、水溜、さらにピケ針［脂身などを肉や魚に差し込む器具］、まな板、各種のナイフに至るまで。すべてが注意深くこと細かに挙げられ、一覧にされていた。

この頃から暖炉の近くにかまどが据えられ、料理長は立って料理ができた。壁に掘りこまれ、石のタイルや鋳鉄の板や陶器のタイルで覆われたかまどの中で、壺や鍋――タルト型、蒸し鍋――に入れた食材を燠《おき》で調理する。温度を調節して弱火でことこと煮ることができたため、暖炉による調理よりも安定していた。灰は、火床《ひどこ》のおかげで取り除くことができ、もう一度集めて洗濯に使われた。

食卓では食器も変わった。ファイアンスに加えて中国の磁器が登場し、白地にコバルトブルーの新しい装飾で西洋人を魅了した。皿は銘々が使うものになり、上に深めのスープ皿が重ねられた。

さらに食卓にカトラリーが並べられるようになった。スプーンを他の人と共用したり、自分のナイフを持って行くのは今では問題外、がさつ者の作法となった。スプーン、フォーク、ナイフは銘々が使うようになっただけでなく、調和と均衡を勘案してあらかじめテーブルに並べて置かれるようになる。コップに代わって次第にグラスが使われる。ワインはカーヴ（ワイン蔵）の温度で、水はほどほどに冷やして供された。

さまざまな習慣が始まった。食事時間が変わる。デジョネはやはり起きた後とられていた（この言葉は、夜の間の絶食《ジョヌ》の後、初めての食事という意味だ）が、ディネすなわち正餐は十時にとる食事ではなく午後一時になった。スペの方は、ルネサンス時代のような夕方五時や六時ではなく、夜の八時。さらに重要なことに、女性が——地方を除いては——食事のときに欠かせない役割を果たすようになった。女性は——いかに眼福であろうと——単なる飾り物ではなくなり、完全に会食者の一員となった。

ルネサンス時代とは異なり、量より質が重んじられた。イタリア人著作家カルロ・ゴルドーニが余すところなく書いている。「正餐の成功は、料理だけでなく、テーブルの美しい設えにかかっている。山ほどの料理よりも、見事に整えられた数皿の方がよい」。一六七四年の筆者不詳の概論書も同じだ。「われわれの繊細な趣味が最も鋭く感じとるのは、雑多な料理の山積みではなく、卓越した美味しい肉の選び方、調味の繊細さ、給仕の丁寧さ、清潔さ、人数にあった量、そして全体の設えである……」

ルイ十四世は例外とすべきとしても、偉大なる世紀の料理は、胃にもたれないように注意を払われていた。大食よりも、モリエールが『町人貴族』で言った「うまいものを作る道」の方が好まれた。[*2] 少なくともこの時代の名高い料理論の著者たちはそう言い張っていた。フランソワ・マシアロ〔一六六〇〜一七三三。『Le cuisinier royal et bourgeois（王家とブルジョワの料理人）』〕、フランソワ・ピエール・ラ・ヴァレンヌ〔一六一八〜一七八。『Cuisinier francois（フランスの料理人）』〕、ピエール・ド・リュンヌ〔『Le Cuisinier（料理人）』〕、ニコラ・ド・ボヌフォン〔『Le Jardinier francois（フランスの園芸家）』、Les Délices de la campagne（田園の佳肴）』〕。

だが献立を見たり、食卓に出てきた料理を見ると、首をかしげたくもなる。茹《ゆ》で肉、煮込み《ラグー》、トゥルト、パテ、イノシシや鹿などの大型の猟獣肉《ヴネゾン》が相変わらず大きな場所を占めていた。サギ、雉、仔鹿のア・ラ・ブローシュ（串焼）、ハムの輪切り、フォワグラ、仔牛の胸腺、のろ鹿のレバー、牛や羊や豚のタン、豚足も同様だった。食餌《しょくじ》療法になるとは言い難いあらゆる食べ物に、ブイヨンやルー、ピュレで新しい味を出していた。

とはいえ王の菜園を管理したジャン＝バティスト・ド・ラ・カンティニ氏のおかげで、レタスやアスパラガス、新鮮なエンドウ豆、メロンが人気を博していた。果物を生で食べることも増えた。桃、オレンジ――ルイ十四世の大好物――、モンモランシーのさくらんぼ、ムードンのすもも、イチジク、洋梨。この頃から「雪」が流行し、冷やしたデザートやクリームが食事の最後に欠かせなくなる。アラブ世界ではずっと以前から知られていたものだ。紅茶、コーヒー、チョコレートの流行も忘れてはならない。これらの飲み物には、各人の趣味に応じてあらゆる効能と……あらゆる悪徳が帰せられていた。

偉大なる世紀の料理は、「古典的」でありながら、新味や新機軸に事欠いたわけではない。中世と異なり、素材の持ち味を尊重することを名誉にかけて誓っていた。ニコラ・ド・ボヌフォンはこう勧める。「供するものは味も形もできる限り多様にし、変化をつけるよう心がけること。ポタージュ・ド・サンテはブルジョワの良きスープであるべきで、選び抜いた上質の肉をたっぷり使い、少量のブイヨンにする。ひき肉やシャンピニオン、スパイスの類いも、その他の材料もなし。『サンテ（健康）』と名がついているからにはシンプルでなければならない。キャベツのスープはどこまでもキャベツの香りがせねばならない。ポロネギのスープはポロネギ、カブのスープはカブ、他も同様……、そうすれば、主人は丈夫でいつも食欲旺盛、あなたはいつもお誉めをいただくだろう。スープについて言ったことは食べ物すべてに当てはまり、法則となる」[*3]

ただ、マシアロやニコラ・ド・ボヌフォンの料理論を見ていると、フランス全土がパリやヴェルサイユにあるわけではないということを忘れそうになる。

職人、労働者、そして特に農民は、宮廷や大領主の贅沢とは一切無縁だった。「トランショワール」の上や親指で食べなくなったとしても、錫や陶製の食器が精いっぱいで、日常の食事はレンズ豆、キャベツ、脂肉入りのスープだった。

最も不運だったのは、おそらく農民だ。ルイ十四世の治世は、十三回の飢饉《ききん》に見舞われている。農民の食卓にはただの深皿が一つ。ライ麦パンと並んでいるのは、そら豆、雑穀粥、豚肉、そして何よりも脂肉入りのスープだ。その中にパン切れを放り込む。日によって、ポロネギ、カブ、フダンソウ［葉を食べるサトウダイコン類］、玉ねぎ、そら豆、脂肉少々とキャベツで作った薄いスープが、暖炉で一日中煮えていた。この一品が家族全員の食事なのだ。

偉大なる世紀の農民は、ただのパン一切れと玉ねぎ、一握りの栗で我慢せねばならないこともあった。そして恐ろしい飢饉。飢饉が来れば、今晩深皿の中に何が入るか、だれにわかるだろう。一六六三年ドーフィネ地方、一六九二年一月リムーザン地方、そしてとりわけ一七〇九年の悲惨な冬の間、地方では飢えた人々が草をかじり、木の皮を食べた。

十八世紀になると、多くの人命の犠牲を払う長い戦争を免れ、経済情勢がおおむね順調だったおかげで、こうした悪い記憶を消し去ることができた。

タレイランは、この時代を知らずして「生きる甘美さ」の何たるかはわからないと言ったが、確かにその通りだと言いたくもなる。

摂政オルレアン公フィリップ二世の「プティ・スペ（小餐会）」や、ルイ十五世治世下のヴェルサイユ宮廷の豪華さだけではない。美食学が洗練の極にまで推し進められただけでなく、だれもが、存分に食べられると思えた世紀だった。

テーブルを囲む親密さは今や至上命題となった。召使はできるだけ遠ざける。「食堂」専用になった部屋では、「もの言わぬ給仕」と呼ばれた小テーブルが会食者の近くに置かれた。足りなくなったときに邪魔が入らないよう、余分の皿、カトラリー、グラス、ナプキンが乗せられていた。さらに「移動式テーブル」が設けられる場合もあった。サーヴィスごとに床下に消え、新しい料理を乗せて再び現れるのだ。

ディネは三時頃、たいてい、ささやかに手早くとった。というのも主要な食事は夜十時ごろのスペだったからだ。新しい趣向として、十八世紀は前世紀とその厳重な席順とは異なり、招待客はみな思いのままに、席次を気にせず座りたい人の隣に座ることができた。

ルイ十五世とポンパドゥール夫人の影響で、ファイアンスと磁器——中国、ザクセン、セーヴル産——がテーブルを埋め尽くした。初めヴァンセンヌに置かれていた王家の製造所はセーヴルに移された。華麗な食器一式が送り出され、ロシアのエカテリーナ二世のような外国王家のテーブルも飾った。一七六七年、リモージュでダルネ博士がカオリン（高陵土）を発見すると、工法は一段と改良された。

かつてないほど、美がテーブルを支配する。鋼鉄、金、金メッキした銀、銀製のカトラリー。グラスは天然水晶、イギリスやボヘミアのクリスタルガラス製。ワインは常に冷やして飲まれ、各自自分で注いだら、床に置かれた氷詰めのたらいに戻しておく。

宮廷での公式晩餐会と一線を画す親密さが求められたからと言って、無礼講になったわけではまったくなく、「偉大なる世紀」十七世紀にも増してしきたりが体系化された。食卓の礼儀作法に関する著作が増えた。食事の初めから終わりまでナプキンを使うことが勧められ、ナプキンで鼻をかむことが禁じられ、カトラリーもクロスも染み一つなく清潔であることが求められ、ナプキンにワインやソースや肉をこぼさないようにせねばならなかった。

創造的な時代、イギリス貴族ジョン・モンタギューが発明したサンドイッチは、料理の流行の先端を行くには欠かせないものになった。

美食学ではないが、人気を博したサンドイッチに敬意を払っておこう。カードの勝負を続けたかった卿が料理人に軽食を用意させると、運ばれてきたのは二枚のパンの間に冷肉一切れとチーズ、マインツのハムを滑り込ませたもの、サンドイッチの誕生というわけだ。

もちろん食卓の主役は別にいる。相変わらず好まれていたのは貝類、カキ、ロースト、アローサの焼き物ケイパーソース、ザリガニのクールブイヨン、アスパラガスのグリンピース添え、ジャムに果物。卵もかつてない流行を見せた。鶏、うずら、鴨、ガチョウの卵。生卵、殻つき半熟卵、スクランブルエッグ、目玉焼き、オムレツ、黒バターソース、ファルシ、できる限り思いつく限り、ありとあらゆる方法で料理された。ピエール・ド・リュンヌは五十六種、ラブレーは六十種ほど、グリモ・ド・ラ・レニエールは十八世紀末になんと五四三種を数えている。グリモは想像をかき立てるような名前を付けていた。イエズス会風、グランマ風、スイス風、ヴェール・ガラン（渋い色男）風、太陽の……。

農学者、栄養学者で元軍薬剤師だったアントワーヌ＝オーギュスタン・パルマンティエの作り始めたじゃがいもが登場したのもこの頃だ。救荒作物と目されていたじゃがいもは、初めは最貧層に見向きもされなかったが、それでも北欧に続いてやがてフランスを征服した。

革命期は美食学にとっては幕間《まくあい》であり、厳しい時代だった。もちろんパリには評判の聞こえたカフェやレストランができている。ボーヴィリエ、メオ、ル・フォワ、カフェ・アルディ。だが物価は高く、生活は厳しかった。

ド・フェリエール侯爵はここぞとばかり、辛辣《しんらつ》に、通人ぶって不満を言った。妻にこう書き送っている。「食事は軽い。六品、オードブルと言っていいものだ。ブーダン、プティ・パテ、ピエス・ドブー二種、ロースト二種、アントルメ四種、サラダ二種」

その後の事態の展開を予測できていたら、彼ももう少し控えめにしておいたに違いない。一七九三年、パリをはじめフランスの一部は、食料不足に見舞われた。戦争状態で、肉、野菜、パン、砂糖から石鹸まで、何もかもが不足した。窮乏をしのいで生き残るために闇市に頼るしかない人々もいた。

そもそも、この恐ろしい十年間を、おそらく美食の歴史の頂点を記した豪華な十九世紀と比べようがあるだろうか。

この頃から貴族もブルジョワも家に食堂を備えるのが決まり事となった。家具調度も豊富になる。テーブル、椅子、食器の飾り棚、食べ終わった食器を片付けておく小卓。装飾は、羽目板、厚手の壁掛け、深紅のビロードで重々しく、暗くなった。食器の銀、象牙の図柄はますます多彩になった。食器・カトラリーは多様化した。カキ用、アスパラガス用、アーティチョーク用の皿、ティースプーン、コーヒースプーン、魚用の食器一式、オマールエビ用のはさみ、ケーキサーバー、チーズ用ナイフ、ナイフ、ナイフ置き……。優雅な「カトラリーケース」を出てテーブルに顔を出す新しい道具を加えればリストはさらに長くなる。

食事の回数と時間も変わった。二回ではなく三回。デジョネは十一時頃、ディネは夕方五時か六時頃にずれ、スペ――もちろんその機会がある人々にとって――は、オペラや観劇の後にとった。

これまでの「フランス式サーヴィス」にかわって「ロシア式サーヴィス」が流行する。料理は厨房で準備され、切り分けられてくる。何もかも雑然と一緒に持ってこられるのではなく、順番に運ばれ、テーブルに残ることなく、すぐに厨房に下げられる。まず、カキ、スープ、オードブル、冷菜のアントレ、それからディネの最も重要な部分である魚と家禽のアントレ、ジビエ、野菜、ローストとサラダ、最後に甘いデザート。

すべての料理は厨房で準備されるようになった。厨房には、炭をつがれる鋳鉄のかまど、壁に据え付けた焼き肉用オーブン、さらに十九世紀後半になると、冷蔵・消毒用の器具も置かれた。食堂から離れたところで、さまざまなサーヴィスの支度をする。保温器のおかげで保温がきき、また配膳リフトの助けを借りて食堂まで運べる。洗い場は、別館に設けられ、銅の大きな流しがあって、調理道具を苛性ソーダの結晶を使って洗えた。

すべて、鍋の音や料理の匂いが客に届かないように計らわれていた。また時間の余裕を作り、それぞれのサーヴィスをきびきびと音もなく粛々《しゅくしゅく》と行うためでもあった。

招待客は歓迎こそすれ嫌がるはずもない。

テーブルマナーは十八世紀にも増して大きな重要性を帯びる。礼儀作法の手引きは、招待客が格に応じて席に着いた往年の習慣に戻るよう勧めた。客は少なくとも八日前には招かれていなければならない。書面を届けるか、あるいは目上の人なら口頭で直に。「宴」を告げるのは女主人の役目だった。男性は女性に椅子を勧め、その周りに座った。体をまっすぐに起こし、椅子の背もたれにだらしなく寄りかかったりしない。女性は水で割ったワインしか飲まない。コーヒーとリキュールは、食卓ではなくサロンで供される。

規則は数多く、事細かく、美的感覚の間違いは許されない。

少なくとも上流階級ではそうだった。

労働者や職人、学生、最貧層はどう思っていただろう。屋根裏の女中部屋や場末のみすぼらしい住まい、パリのはずれに住む彼らは？　彼らに割り当てられたのは、安食堂、黒パン、酢漬けや燻製《くんせい》のニシン、レンズ豆、スープ、そして蒸留酒。飲み過ぎれば体を壊し心もすさんだ。一八七〇年から七一年の冬、パリがプロイセン軍に包囲されている間じゅう、彼らも困窮状態にあり、犬や猫、ねずみを食べる羽目に陥った。ブーローニュの森の動物園のゾウ、アンテロープ［レイヨウ］、カンガルーといった外来の動物を屠《ほふ》る寸前だったたろう。

当時、レストラン［ヴォワザンなど］も冗談抜きでこんな洗練されたメニューを出していた。「猫の背肉の薄切り、マヨネーズソース」「犬のもも肉、子ねずみ添え」

だがこの悲劇にも負けず、十九世紀は、美食学と美食学者、絢爛《けんらん》たるディネ、大料理人、一流レストラン主、そして第二帝政と第三共和政の豪華な料理を輩出したのである。

振り返ってみれば十九世紀は、最も権威ある名前を残している。ブリア＝サヴァラン、マリー＝アントワーヌ・カレーム［一七八四～一八三三］、ジョゼフ・ファーヴル［一八四九～一九〇三。フランス料理アカデミー］、アドルフ・デュグレレ［一八〇五～八四。カフェ・アングレ］、さらにジュール・グーフェ［一八〇七～七七。ジョッキー・クラブ］、オーギュスト・エスコフィエ［一八四六～一九三五。古典料理の集大成］、他にも多くが、それぞれの形で美食学の歴史に足跡を残した。

そして二十世紀の料理には、その最良の部分を彼らに負っているのは間違いない。後継者となったのは、キュルノンスキー［本名モーリス・エドモン・サイヤン、一八七二～一九五六。著作家］、フェルナン・ポワン［一八九七～一九五五。ピラミッド］、アレクサンドル・デュメーヌ［一八九五～一九七四。ラ・コート・ドール］、レイモン・オリヴェ［一九〇九～九〇。ル・グラン・ヴェフール］、ジャン［一九二六～八三］とピエール［一九二八～］のトロワグロ兄弟、ポール・ボキューズ［一九二六～］、ミシェル・ゲラール［一九三三～。レ・プレ・エ・レ・スルス・ドゥジェニー］、マルク・ヴェイラ［一九五一～。オーベルジュ・ド・レリダン］、ベルナール・ロワゾー［一九五一～二〇〇三］、アラン・デュカス［一九五六〜。ルイ・キャンズ］。

そして歓びこそ美食学の最も重要な鍵であることを忘れずにおこう。ブリア＝サヴァランは美食学について芸術を語るように言っている。「このわれわれの短い一生の間に、疲労を伴うことなく他のあらゆる享楽の疲れを癒やしてくれる、唯一の享楽を提供してくれる学問」[*4]（関根秀雄訳）

フランスの劇作家・映画監督サシャ・ギトリ［一八八五〜一九五七］も言う。「記憶に残っている食事とは」と彼は重々しく問いかける。「口に快い食事か、心に快い食事か。この二つは必ずしも一致しない。最も美味しいものは、あり合わせで作られたのではなかったか。三十年経っても忘れられない目玉焼きがある——少し火が通りすぎていたようだったが——、でもフライパンを持っていた手があまりにきれいだったから」

第四章　塩——王の白い黄金

塩の歴史にはこれといって塩味の利いたところはない。スパイスを利かせようにも、塩はスパイスではない。

調味料や香辛料と違って、塩は生命に欠かせないものだ。美食学のあるところに必ずあり、その歴史に特異な位置を占めている。塩は生命に欠かせないが、残念ながら、人生の方は時にぴりっとした塩味を欠くことがあるようだ。

塩は食卓の上であまりにありふれた存在になっているため、かつてローマ軍傭兵部隊に給料として支払われる通貨の役割を果たしていた時代があったことも忘れられている。だが、日々使われて、やはりありふれたものになった「Salarie（給料）」という言葉の語源もそこにあるのだ。

塩は商品というだけにはとどまらない。生存や取り引きの手段であり、シンボルであり、食品、魔法の食材、典礼の道具、祝福や呪いのしるし、救い手、守護者、未来を予見するもの……。塩に与えられる属性を挙げれば限りがない。

スパイスや香辛料以上に、塩は健康の維持、人体の完全な状態に欠かせない。人間は一日数グラムの塩を必要とし、熱帯や砂漠の国々のように大量に汗をかく場合にはもう少し多く摂《と》る必要がある。

人類はかなり早くから塩の価値に気付いていたようだ。新石器時代にすでに、農業と牧畜の発展にともなって、人体のミネラルの消耗を補うため、穀物や野菜、火を通した肉に塩をふることを学んでいた。

この貴重な天からの贈り物を集めるため、新石器時代人は「ブリクタージュ（土器）」製法と呼ばれる技術を開発していた。現在でもその役割は「未開」民族によって行われており、フランスでもロレーヌ地方に痕跡が残っている。セーユ川流域では壺を塩泉の水で満たして陶器を積んだ上で熱し、壺を壊して、水分の蒸発によってできた塩を集める。

ハルシュタット時代（紀元前八～五世紀）［ヨーロッパ初期鉄器文化。遺物がオーストリアのハルシュタットで発見された］のものとされる似たような跡は、西ヨーロッパ全域、イギリス、ドイツ北部で数百、発見されている。またオーストリアのザルツブルク地方には、竪坑《たてこう》と地下の坑道による塩の採掘を示す跡がある。ザルツカンマーグート地方の岩塩鉱山では、地下でなんと三百メートル以上も掘り進んでいた。

だが、紀元後に入るとすぐ、こうした方法は放棄された。

塩は津々浦々にあった。中米からマリや地中海諸国を経て中国に至るまでの地域で、住民の生存を保証できる量が存在していた。シュメール、バビロン、エジプト、インダス河流域、中国、地中海沿岸、ブラックアフリカで発展した古代の大文明はすべて、さまざまな用途での塩の死活的重要性を理解していた。

それゆえ古代からすでに塩は王者だった。この白い黄金にまつわる話は、ヘロドトスにも、プリニウス、タキトゥス、リウィウスにも数々ある。どれも、いかにして塩が世界中で交易の対象となり、どれほどあらゆる場所を巡ったか、ローマ帝国の端々まで塩を届けるために、フェニキアやローマの大型船がいかに海を行き交ったかを伝えている。

ローマは当時、塩の交易の十字路であり、テベレ川河口にオスティアの製塩場があった。またローマ市民の膨大な需要を満たすため、黒海沿岸、小アジア、アフリカでも、岩塩鉱山や塩田が開発されていた。

塩は文明の経済にとってきわめて重要な存在であり、国家が製塩と取り引きを独占していた。とりわけ新し物好きのローマ人は、肉と魚を保存するための塩漬け技術を開発した。有名なガルムまで作り出した。これはアジアのニョクマムに似た、魚を発酵させて作る調味料で、料理にふんだんに使われていた。ローマ兵の給料は、麦や豚、油、チーズで支払われるようになる前は、先述のように塩で支払われていた。

ローマだけがこの方法をとったわけではない。帝国の国境をはるかに超えて、東でも西でも、北でも南でも、塩は交易の貨幣として使われた。マルコ・ポーロは、貨幣が部分的に塩で作られた、モンゴル人の貨幣体系について述べている。

その他マリ、ニジェール、スーダンを通って長大な隊商が塩を運んだ。中をくりぬいて粘土で覆ったヤシの幹の型で成形し、固めていた。十四世紀、アラブ人の旅人イブン・バトゥータは砂漠の真ん中で、蜃気楼とも見紛う、塩の塊で建てられたモスクを見たと言う。トンブクトゥーでは、奴隷は足の長さと同じ大きさの塩の板一枚で売り買いされた。

キリスト教世界も、中世を通じて塩の魅惑の虜《とりこ》となっていた。福音書の文章も、塩の象徴的価値にいささかも疑いをはさませない。

言うまでもなく、生命の根源とみなされていた塩は、古くから、奇跡を行うものとされていた。腫《は》れ物も含めてありとあらゆる病気を治す、水を清める、悪霊を祓《はら》う、プリニウスによれば、雄の助けを借りずに動物の雌をはらませる能力があるとさえ言われた。

聖書でも、塩は繰り返し登場する。塩は、神とユダヤの民の契約の象徴である。「穀物の献げ物にはすべて塩をかける。あなたの神との契約の塩を献げ物から絶やすな。献げ物にはすべて塩をかけてささげよ」（「レビ記」2章13）。あるいは「民数記」では、「イスラエルの人々が主にささげる聖なる献納物はすべて、あなたとあなたと共にいる息子たち、娘たちに与える。これは不変の定めである。これは、主の御前にあって、あなたとあなたと共にいるあなたの子孫に対する、永遠の塩の契約である」（「民数記」18章19）。

塩による清めについては、エリコでのエリシャの奇跡が語っている。「この町の人々はエリシャのところに来て、『御覧のように、この町は住むには良いのですが、水が悪く、土地は不毛です』と訴えた」ので、エリシャは「新しい器を持って来て、それに塩を入れなさい」と言った。そして「水の源に出かけて行って塩を底に投げ込み、「主はこう言われる。『わたしはこの水を清めた。もはやここから死も不毛も起こらない』と言った。エリシャの告げた言葉のとおり、水は清くなって今日に至っている」（「列王記」下2章19～22）

祝福のシンボルである塩は、ヤハウェの意志によっては反対の役割も果たし得る。ヤハウェは塩を通して人間に対する怒りを表す。そうなれば「主は大河を荒れ野とし　湖の源を乾いた地とし……実り豊かな地を塩地とされた」(「詩篇」107章33〜34)

ヤハウェの怒りがソドムとゴモラの住人の上に落ちたとき、その地全体が「硫黄と塩で焼けただれ」(「申命記」29章22)と言われた。アブラハムの甥ロトは妻と娘たちとともにそこに住んでいた。ロトは、ソドムとゴモラが滅ぼされることを懲罰の天使から告げられ、急いで逃げるように言われる。一つだけ命じられたことがあった。「命がけで逃れよ。後ろを振り返ってはいけない。低地のどこにもとどまるな。山へ逃げなさい。さもないと、滅びることになる」(「創世記」19章17)。だがロトの妻は、知りたさのあまりか、あるいは後ろ髪を引かれてか、天使の命令に背いて振り返った。そして「塩の柱」になった。(「創世記」19章26)

このイメージは長く心につきまとった。

だが塩が西洋にとってさらに重要な意味をもつようになるのが、新約のキリスト教の到来によってであることは間違いない。今日でも私たちの日常の振る舞いの中に、塩の重要性を示す痕跡が残っている。

「あなたがたは、地の塩である」とキリストは山上の説教で使徒たちに語った。「だが、塩に塩気がなくなれば、その塩は何によって塩味が付けられよう。もはや、何の役にも立たず、外に投げ捨てられ、人々に踏みつけられるだけである」(「マタイによる福音書」5章13)

エラスムスは十六世紀、『マタイによる福音書』に長い注釈をつけている。だがカトリック教会が洗礼の儀式に塩を導入したのは、それよりも前だ。洗礼や悪魔祓いでは、塩を祝福して聖なる力を授けた後、水と混ぜた。今日、祝福が――少なくともこの形で――行われることは稀になったものの、当時はこうした儀式には欠かせなかった。司祭はこう唱えた。「塩よ、汝を清める。生ける神、真の神、聖なる神、水の不毛を癒すため汝を投げ入れよと預言者エリシャに命じ給うた神の名において。信ずる者の救いのため清められた塩となれ。汝を口にする者みな、心身とも健やかであるように。汝をまいた場所みな、あらゆる悪霊、悪意、悪魔の計略による裏切り、あらゆる汚れた霊が去るように」

この祝福された水は、建築物や船、衣服、武器、そして敬虔《けいけん》な生き物、すなわち動物を聖別するのにも使われた。

なぜこうした呪文が唱えられたか。何より、塩のない場合を考えてみればよい。塩の入らない食事は悪魔の宴や魔女のスープに似ているとまで言われた。

とはいえ「魔女」や錬金術師のるつぼには常に塩が入っていた。「マグヌム・オプス（大いなる業）」の三原質は、硫黄――男性、熱、能動――、水銀――女性、冷、受動――、そして、この二つの要素の相互関係がもたらす中立の要素、塩に他ならないからだ。

塩がもっと卑俗な迷信の対象になることも多い。食卓に塩をこぼすのを嫌ったり、悪運を祓うために左肩の上に塩を一つまみ投げる。フランス南西部ベアルン地方では、不吉な鳥とされるフクロウの鳴き声を聞いたら、塩を一つまみ暖炉に投げて言う。「フクロウよ、お前の頭と尾に塩を振る。お前のもたらす一切の災厄がお前のもとにとどまるように」

ドイツの一部の地方には、クリスマスイブに、一年の十二カ月を表す玉ねぎの皮十二片に塩を振る習慣がある。翌朝塩が溶けていれば、その月は家族に厄介事が起こる月とされるので、祝福された塩を振りかけて悪運を祓う。

こうした習慣の起源はわからない。それでも、人の心に時にまだ深く定着し、キリスト教も近代世界の到来も取り除くに至らなかった習慣の根強さが表れている。

だが「塩粒を入れて」混ぜっ返し、たわいのない習慣をとやかく言うこともないだろう。

中世に塩が大いに求められたのは、宗教的儀式で使われたという以外の理由がある。

十一世紀からヨーロッパを活気づけた飛躍的な人口増加によって、塩の需要が増大した。当時、二つの供給源は、内陸の製塩場と塩田だった。地下からの直接採掘は稀だったが、地下に埋まった岩塩層に由来する塩泉は利用されていた。内陸の製塩場では、古くからの蒸発製法が「工業的」レベルにまで進化していった。貴重な塩の原料を地下に探し求めて竪坑を掘り、水を注入して「塩水」を汲み上げ、それを大きな鉄釜に入れ、木で焚《た》きつけるかまどに乗せて熱する。この作業は、「キュイット（濃縮晶出）」または「ブイヨン（煎熬《せんごう》）」と呼ばれた。

こうした製塩場は各地にあった。フランスのロレーヌ地方やジュラ地方、ドイツ北部リューネブルク、ポーランドのガリツィア地方ヴィエリチカ。

塩田の方はもっと農場的だ。塩田労働者《パリュディエ》が集める収穫は、季節や気候、そして特に年による運不運に応じて増減する。特に有名な塩田は、南仏のイエール、エーグ＝モルト、仏西海岸ゲランド、ヴェネツィア、地中海のスペイン領イビサ島、スペイン南西部カディス。秋と冬は、蒸発池と土手、運河の管理に充てる。五月から九月までの夏は塩の収穫。方法は当時からほとんど変わっていない。基本的には一連の蒸発池をめぐらせて海水を濃縮し、海水中の塩分を結晶化させる。濃縮が進むにつれて、海水が飽和状態になると、硫酸カルシウム、次いで塩化ナトリウムが結晶析出する。

塩が人にも動物にも欠かせないものであり、何よりもかなりの収入源になることはだれでも理解していたが、製塩と流通を握ったのはまず聖職者だった。僧院、修道院が最も安定した集団だった時代、最初の塩税局がその内部におかれたのも驚くにはあたらない。封建時代は、王の権威の解体、権力の細分化の時代であり、以後、権力は複数の意思決定の核によって行使されることになる。封建主従関係が、三つの主要集団——祈る者、戦う者、労働する者——に分かれた社会を支配した。

九世紀から十二世紀まで、前者の二つの集団、聖職者と領主は、塩の販売から引き出される利益を手中に収め、分配した。塩の商業圏は依然として、一つないしはいくつかの領主の所領に留まっていた。十二世紀になると、人口圧力が需要を押し上げたために、塩は国際的な戦略物資になる。美食学だけではなく、肉や魚（ニシン）やチーズの保存のための塩漬け処理、そして人も動物も、また皮のなめし処理もみな、塩を求めた。

商業流通が広がり、製塩の大中心地の間で競争が激化する。特に、堂々たる船団とレバント地方の拠点をもつアドリア海の女王ヴェネツィアは、塩の取り引きで富を蓄えることができた。

都市の発展に伴い、新たな顔ぶれが競争に参入する。代官《プレヴォ》、市参事官、商人たちだ。彼らを通じて、王や王族、大公は熾烈《しれつ》な闘いを繰り広げた。エーグ＝モルトに近いペッカイの塩田を所有したフィリップ四世端麗王［一二六八～一三一四］と、イエールの塩田を開発していたプロヴァンス伯シャルル・ダンジュー［後のシチリア王カルロ一世、一二二七～一二八五］の争いは、流血を避けるため、分配協定に合意する必要があった。ロレーヌ公とメスの司教の間でも、製塩所の所有をめぐって衝突が起き、十四世紀を通じて軋轢《あつれき》が絶えなかった。

とはいえ全体としては、役割はまずまず分担されていた。製塩所の所有者である王や王族、大公は、聖職者――大半はベネディクト会とシトー会――に原材料の管理をまかせた。それから世俗人――貴族とブルジョワ――が、塩水を集めて塩を抽出した。最後に商人と輸送業者が販売を担った。

だが政治権力がすぐさま乗り出してきた。間もなく塩は国家の専売となる。忌み嫌われた税、塩税《ガベル》を創設したという嘆かわしい栄誉に輝くのは中世だ。「ガベル」とはよく言ったものである。この言葉は、アラビア語で「足枷《あしかせ》をはめる」「鎖につなぐ」という意味をもつ「カバラ」という語に由来する。

フランスではフィリップ六世（一三四一年と四三年の王令）によって始められた塩税は、一三四六年、パリとトゥールーズの地方三部会の要請で廃止されたが、十年後に再導入された。一三六九年には、北部のオイル語圏地方にも南部のオック語圏地方にも例外なく塩税が課されていた。一三八三年にもう一度廃止されたのを最後に、一三八六年に最終的に再導入される。廃止は一七九〇年まで待たねばならない。

塩税局に保管された塩は、この頃から商人にかわって塩税局官吏が売るようになった。財政管轄区の最高位官吏と税務官《エリュ》の監督の下、塩税局官吏は税額分を販売価格に上乗せした。税は王が国務諮問会議で定めたもので、国税当局に納められる。このシステムのおかげで王は安定した税制度を通じて継続的な収入を確保することができた。

こうして塩は「政治・税制の道具となった。製塩は国家の管理下におかれた。国家はまた流通も管理し、塩税を徴収した。地方境の通過、都市への搬入に課税した。これによって国家は実質的に塩の価格を決定し、塩税は合計すると、生産費と輸送費の総計と並ぶほどの負担になった」[*1]

権力側から見れば塩税の正当性は明らかだ。国家支出は膨れ上がる一方であり、塩は国家政策を動かす要素になっていた。都市城壁の建設や修復、債務軽減、官吏・役人の給与支払い、さらには、地方に対する都市の経済的支配の確立にまでも充てられた。

しかしこうした理由はみな、一般民衆にはまったくのお笑い草だった。彼らの目に映ったのは何よりも、塩の価格の絶え間ない変動、そして一部の人間だけが恩恵にあずかる富の蓄積だった。

塩の価格は地方によって異なり、そのため塩税はますます嫌われた。

「重塩税（大ガベル）」地区――フランス中央部――では、住民は一定量の塩を買うことを義務付けられていた。一年に一人当たり約四・五キロ。いわゆる「義務の塩」である。大勢の中間者――徴税吏、計量検査官、収入吏、「塩税徴収人《ガブルー》」「塩税官吏《コミ・オ・ガベル》」などと呼ばれた人々――が利益を得た。彼らはみな、税の徴収を請け負った実業家や有力一族に雇われていた。コンティ家、コンデ家、リシュリューやマザランにとっても塩税は蓄財の手段となった。オーベール・ド・フォントネという徴税請負人もこうしてパリにオテル・ド・ジュイニェを建てた。「塩の館《オテル・サレ》」という別名で知られる館は、今日、ピカソ美術館になっている。

一方で、運のいい地方もあった。ブルターニュ地方は塩の大生産地だったが、塩税を免除された「免税」地区だった。南東部と地中海岸の南仏地方は「軽塩税（小ガベル）」地区で、ここでもラングドックの製塩所が地元の消費を大幅に上回る量の塩を生産していた。「購われた」地区と呼ばれたところもあった。免税権を買いとった地方だ。そしてノルマンディー地方の一部のように「四分の一煎熬《カール・ブイヨン》」と呼ばれた地区は、税の四分の一を払えばよかった。［この他にロレーヌなど製塩所の多い地方は「製塩所」地区とされ、塩税は比較的軽かった］

こうして塩の価格の格差は、なんと一対三十にもなっていた。

だが中世人とルネサンス人の気がかりは塩税だけではない。遠隔の生産地からの輸送コストがかさんだこと、塩そのものの質――地中海の塩は白く、大西洋岸のは灰色――、気候による収穫量の変動、国際的な流通を妨げる戦争も、白い黄金の価格にのしかかりかねない要因だった。

君主とその国家がしのぎを削った競争も不安定要因の一つだった。この頃から塩の市場は、ポーランドのガリツィア地方の岩塩鉱山からヴェネツィア、バルト海岸、ブリテン諸島、地中海、ジェノバ、ポルトガル、スペインまで、ヨーロッパ全域に及んでいたからだ。

この巨大市場に巻き込まれた地方はさらに他にもあった。ヴェネツィアはキプロスでも、またトリポリ、アレキサンドリアなどアフリカ沿岸でも塩を積み込んでいた。ヴェネツィアによって、北アフリカの塩がスイスアルプスの真ん中まで届いたのだ。中世の終わりには、ブラックアフリカへ向かうサハラ輸送路さえ、ヨーロッパと関わりをもっていた。

この広大な領域のただ中で、塩田のある小さな地方が、思いがけない方法で名乗りを上げる。塩が非課税だったブルターニュ公爵領の外れに位置するブルヌフ湾だ。

この歴史はひもとくに値する。後にただ「湾」とだけ呼ばれるようになるこの地方に、これほどの発展を約束するものがあるようには思われていなかった。

ところが事態は思わぬ展開をする。百年戦争とフランス南西部ギュイエンヌ地方奪回の後、商業の流通は大混乱に陥っていた。だがイギリス人はブルヌフをよく知っていた。ブリテン諸島にボルドーワインを持ち帰る際、時折、ブルヌフにも寄港してブルターニュの塩を積み込んでいたのだ。塩税非課税のこの地域がもつ魅力は、長く注目されることになった。特に、ドイツ北部の一五〇以上の都市が加盟していた強力なハンザ同盟の商人が関心を抱く。商人たちはデンマーク海峡を通って船を送り、ヨーロッパ商業、特に塩取り引きの征服に乗り出した。彼らが上陸したのがブルヌフだった。

十六世紀から十七世紀にかけて、「湾」は、北ヨーロッパ全域から来る船の十字路となった。ブルヌフではあらゆる言葉が話され、あらゆる国の船乗りが行きかった。イギリス人、スコットランド人、ノルマン人、フラマン人［フランドル地方のベルギー人］、オランダ人、デンマーク人、スウェーデン人。町は今日では想像もつかないような熱気で沸きかえっていた。一五四二年、湾に停泊して荷が積まれるのを待つ船は二〇〇を数えた。

地元経済が繁栄したのは想像に難くない。製塩労働者、塩商人が増え、ハンザ同盟の商人との取り引きを望む人々がみな集まってきた。

二世紀にわたる黄金時代の後、ブルヌフは衰退の途をたどる。十七世紀末、湾に泥が堆積し、ドイツ船がレー島やオレロン島に向かうようになると、繁栄は終わりを告げた。

それは「湾」の繁栄の終わりだったが、塩の繁栄の終わりではなかった。

十六世紀、塩の成功を維持したもう一つの事業があった。カナダ東部ニューファンドランド島沿岸でのタラ漁だ。

十六世紀に入ってすぐ発見されたこの島はセントローレンス湾にあり、大西洋がすぐに想像力をかき立てた。夏には、どんな船乗りもこれほど奇跡的な大漁は夢にも描いたことがないほど、タラの大群がひしめいていると言われたのではなかったか。

ヨーロッパ全域の船乗りが多産なタラの後を追いかけ始めるにはそれで充分だった。

こうして十六世紀半ば、三十人から五十人の乗組員が操る十数隻の船が毎年ニューファンドランド島の冷たい海に乗りこんだ。

当時行われていた漁法は二つあった。「移動漁」と「定住漁」だ。

前者では、船乗りはずっとタラ漁船に乗り込んだまま、風上側の舷《ふなばた》で魚を釣った。タラは船上で塩漬けされ、船倉が一杯になると、船は母港に向かって帰港する。

後者では、乗組員は船から道具を降ろし、海岸に小屋のようなものを建てて住む。毎朝、小船に乗り込んで漁をする。陸に戻ると、タラを塩漬けし、乾燥させる。ヨーロッパに戻る間にタラは四分の一の重さになる。それで「干タラ」の名がついた。

タラ漁船の上では、作業はきっちり分担されていた。一本釣り漁師とも呼ばれる漁師、タラの頭を落として内臓を取り除く係、切り開いて中骨を除く係、そして最後に、積み上げられたタラに塩漬け作業をする施塩職人。

年に二度――二月から六月と七月から十一月に――行われるこの厄介《やっかい》な漁にはさまざまな制約があったが、中でも塩は大きな部分を占めていた。

タラ漁は、この白い黄金を大量に必要とし、漁の初めから積み込んでおく必要があった。このため、スカンジナビア諸国から来る船は、ブルターニュ突端沖のサンの灘で迂回して、ブルヌフかレー島で塩を調達しなくてはならなかった。ヨーロッパ南部から北上する船の方は、積み込みのためサーブル＝ドロンヌに寄港した。

十六世紀から十八世紀にかけて、タラ漁は中世のニシン漁に劣らぬ大成功を収めた。革命前夜、タラだけで、フランスの船乗りによる漁獲の六十パーセントを占めていたとみられる。この成功を見て、サン＝マロやダンケルク、グランヴィルといった重要港に向けて漁用の塩の流通体制が整えられた。

塩代は、船主にとっては重い負担だった。

フランス民衆にとっても同じだった。塩税が、エード（国王援助金）［間接税］やタイユ（戸別税）［直接税］とともに重くのしかかった地方では、税や「王の専制」に対する反乱が繰り返し起こった。十七世紀を通じて、歴史に残る農民一揆が発生している。南西部の「クロカン」、ノルマンディーの「ニュ・ピエ」などが知られている。

一五三七年、フランソワ一世の下で、塩税の増税と「四分の一煎熬」地方への塩税局の導入によって、反乱が起きたが、すぐに鎮圧された。一五九三年から、リムーザン、ペリゴール、ポワトゥー地方では「クロカン」たちが、金を横領して人々を「食い物にする《クロケ》」税吏を攻撃した。一六六二年と七二年、今度は、ルシヨン地方とその山岳部隊兵士「ミクレ」が塩税局の強制に反対して立ち上がった。

だが最も有名な一揆の一つは間違いなく「ニュ・ピエ（裸足）」である。一六三九年の夏、ルイ十三世治世下、バス・ノルマンディー地方アヴランシュ［「四分の一煎熬」地区］の町に噂が走った。国王が塩税を課そうとしている。すぐに住民は騒然となった。製塩所では一万人が働いている。

反乱が起こるにはこれで充分だった。すぐに、製塩所の解体が取りざたされる。荒廃と失業の恐怖が広がり、町は極度の緊張状態に陥った。残念なことに、事態を悪化させたのは、一つの誤解だった。群衆は、クータンスの地方行政庁の一介の補佐官だったシャルル・ド・ラ・ベナディエール・プーピネルを襲撃したのだが、プーピネルがアヴランシュの判事を訪ねて来たのは単に個人的な係争のためだった。群衆を煽ったのはポンテベールという男だと、大法官セギエは『Journal de voyage en Normandie（ノルマンディー訪問記）』で伝えている。「すでに重すぎるタイユ税を課せられ、今また、それまでは免れてきた第二の重荷がのしかかろうと構えているのを知って」、群衆は「絶望的な怒りに駆られ、往来の真中でプーピネルに襲いかかり、石や棒などの凶器で容赦なく打った」

四十人から五十人、間もなくさらに数十人がこの殴打に加わり、ついに殺害に至った。数分後、もう一人がカプチン会修道院まで追い回された。その次にはサン＝マルタンという男が、猛り狂った数人のアヴランシュ住民の剣に倒れた。

事態は深刻さを増す。反乱は、ファレーズ、バイユー、ルーアン付近まで広がった。反乱側は自らを「苦しむ者たちの軍団」と呼び、乞食《ヴァ・ニュ・ピエ》のジャンという男をリーダーにした。だがルイ十三世の政府は、この蜂起に穏便に対応する代わりに、染色に関する新たな規制を制定して応じた。この規制はどう見ても、少なからぬ住民にさらに失業の拡大を約束するものだった。秋の終わり、王権に歯向かう「ニュ・ピエ」たちは二万人近くに達した。もう我慢がならなかった。政府は、ガシオンという男を指揮官とする傭兵部隊を送り込んだ。

部隊は威力を発揮した。弾圧は即座に容赦なく行われた。「苦しむ者たちの軍団」に冷やかなセギエはこう記している。「アヴランシュでは、武器を手にしているところを捕えられた輩《やから》に対して、ガシオン氏が迅速に法の裁きを行った。こうした者のうち十二人を絞首刑に処した。それほど重罪でない者は、漕役刑、禁固刑に処された。その後、以上のような結果となった蜂起の勃発以来の顚末につき、逐一《ちくいち》調べを行った。反乱の首謀者の一人バタール神父、ヴァル・バザンの家の破壊に手を貸した皮なめし職人(名はメイヤール)、プーピネル殺害共犯者のデュポンは死刑。有罪を宣告された他の者は、罪の重さに応じて漕役刑、追放刑となった。逮捕されなかった者も、欠席裁判で、一六四〇年三月八日の判決により、後の見せしめとするため、こうした反乱にふさわしい刑と賠償を課せられた。こうした犯罪的企ての末路は常にきわめて悲惨である」

すべては塩のためだった。

忌み嫌われていた塩税は、農民一揆に加えて、あらゆる形の不正行為の引き金になった。フランス民衆は、税当局に挑む最初の機会を逃しはしなかった。不正は、楽しみとは言わないまでも、決まり事にさえなった。

ジャン＝フランソワ・ベルジエは指摘する。「不正を行う機会は常に歓迎された。相手は税当局だけでなく、取り引き相手や消費者も損を被った。オランダやスウェーデンの輸入業者は、塩の原産地をごまかし、また表示よりも少ない量の塩を届けた。ローヌ川の曳航商人は損害を水増しし、塩税の還付を得るためにあらゆる書類を偽造した。……税当局と徴税請負人もごまかした。塩税局の職員は、顧客の愚直さにつけこんだ[*2]」

こうした仕事上のごまかしに加え、さらに重大なものがあった。塩の密売人《フォ・ソニエ》、密輸業者だ。アンシャンレジーム下ではこの現象は、同時代の中国の密輸の規模には達しなかったものの、国王側は全精力を動員して対抗した。

塩の価格の格差を見れば、密輸の大幅な増加に説明がつく。革命前夜、一ミノの塩（約四十リットル）は、「免税」地区ブルターニュ地方では三リーヴルで売られていたが、ロワール川対岸の「重塩税」地区アンジュー地方ではなんと五十八リーヴル以上した。こんな状況で、どうすれば法律に反する気を起こさずにいられるだろう。

小物の密売人は、偽物のパンや塩辛いバターに塩を隠して税当局の目をごまかした。その手練手管は限りなく多種多様だったようだ。同時代人は言っている。「塩の密売人が塩を隠すのに使ったすべての手練手管を一つの章におさめようとするのは、あたかも海全体を一つのコップに入れようとするようなものだ」。ブルターニュに接する地方の住人は、運び屋の犬の群れを調教するようになった。ブルターニュにいる共謀者のところへ連れて来られた犬は、二日間餌を与えられず、その後、塩の包みを付けて放される。犬たちは、獰猛《どうもう》さにおびえる塩税吏を尻目に、地方境越えの任務を苦もなく果たして飼い主のもとへ自然に戻ってくるという寸法だ。

偽の葬いもあった。ブルターニュからメーヌ地方へ向かう、涙に暮れる家族の葬列は実は、税関吏の鼻先で、塩が詰まった棺に付き添っているだけだった。

こうした密輸は危険がないわけではなかった。単に人や馬の背に積んで運んでいるときは、用心に用心を重ね、王の役人を出しぬいて監視の目を盗まなければならなかった。夜に移動し、村を抜け、川を渡り、確実な共謀が必要だった。密輸ルートを通った痕跡を消す必要もあった。羊の群れや整地器を通らせて痕跡を隠し、また馬の蹄《ひづめ》をぼろ布で包んで音を消したり、蹄鉄を逆向きにつけたりもした。

それでも逮捕は数多く、次第に厳罰が科せられるようになった。単なる罰金から死刑まで、塩税の頭文字Gや、女性ならユリの花《フルール・ド・リス》の焼印を押されるという屈辱を味わわされたり［当時、王家の紋章フルール・ド・リスの焼印を押すという刑罰があった］、あるいは漕役刑に処された。一七〇三年から一七〇八年の間、漕役刑囚のゆうに三分の一は塩の密売人だったと見積もられている。

時には絞首刑や車裂き刑に処されることもあった。一七三九年ドローム県で、密輸の罪を裁くヴァランスの特任官職長だったマラヴァル領主ルヴェは異様な冷酷さを示している。痛風で動かない体を死刑台の足元まで運ばせ、死刑囚の長い苦しみを楽しんだのだ。命令はただ一つ。罰を与えよ。恩赦も無罪もなかった。

密売人の大半は、織物工や農民、金が必要な貧しい職人だった。だが王権は、彼らの運命など意に介していなかった。一七八四年に出版された『L'Administration des finances de la France（フランス財政の管理）』に関する報告の中で、ネッケルは、王国に存在する密輸の規模に驚いている。一七八三年だけで、徴税請負区[*3]の下級官吏による逮捕の件数は、男性二五〇〇人、女性二〇〇〇人、子ども六六〇〇人、家での差押え四〇〇〇件、二〇〇〇頭以上の馬を没収した。

もちろん密売されたのは塩だけではなく、ワインや煙草にもごまかしはあった。だが白い黄金は、食べ物をめぐるシンボリズムであまりに高く位置付けられており、重い塩税と不正に対してフランス民衆の激しい怒りを呼び起こさずにはおかなかった。「ごろつき」「粗悪品売り」「背負い屋」などとも呼ばれた素人塩密売人の大半が、貧困と飢餓によって追い込まれていたということは嫌でもわかる。革命前夜、フランシュコンテ地方で塩十スウ分を買った女が、他所で四十スウで売りたくなる気持ちは痛いほどわかる。日雇いの手間賃が平均九スウにすぎないときに、三十スウの利益が手に入るのがわかっているのだから。

マリー＝エレーヌ・ブルカンは綿密に裏付けられた研究でこう言っている。確かに、フランスで密売は十八世紀よりはるか前から存在していた「が、散発的なものであり、また何よりも職人芸的で、地方間の塩の密売にほぼ限られていた。手を染めていたのは、ようやく生き延びられるだけしか稼げない貧困層だった。これに対して十七世紀末から特に十八世紀初めにかけて密売は組織的となり、密売人が三十、四十、八十人といった集団を形成して武装し、商人に商品の流通を請け合って密売品を提供させたり、また犯罪事業に資金を先払いする出資者とも関係をもつようになった[*4]」

こうした集団には、スペイン継承戦争やオーストリア継承戦争の元兵士が多数、また傭兵、浪人、脱走兵、農民などがいた。彼らは十八世紀全体を通じて、王の代理人と熾烈な戦いを繰り広げ、その「偉業」あるいはその「犯罪」——立場によって変わる——は年代記に材料を提供している。中には、重武装した本物の小軍隊を作っている集団もあった。一七〇四年、パリュ将軍は、ムーランで八十人の塩密売人集団を攻撃したことを書いている。密売人を指揮していたのは「服と馬からして上流と見られる指揮官」だった。将軍の部下は、「二十八頭の馬、一五七包みの塩、銃六丁と他に数点の武器を押収し、五人を捕えて他数人に怪我を負わせたが、彼らは森に紛れて逃げ去った」

他にも四十人、五十人の男たちの集団が地方を行き交った。指揮官が馬をもち、使用人までおき、不正商品を買う財力もあるような集団が、至るところにのさばっていた。ブルターニュ地方の境には、お抱え密売人集団を組織する貴族さえいた。

驚くべきは、こうした集団がしばしば人気を集めたことだ。村々を通ると人々は喝采を送り、酒をふるまい、作業を手伝う日雇いの一団を提供して手を貸した。

こうした密売集団の大物の一人が長きにわたって塩税吏に公然と立ち向かい、税当局に対するフランス民衆の溜飲を下げさせる伝説となった。ルイ・マンドランである。

一七二五年、サンテチエンヌ・ド・サンジョワールで、ドーフィネ地方の商人と職人の裕福な家に生まれたマンドランには、将来の姿を予感させるようなものは何もなかった。父は市場でワインと家畜を売り、店では織物と金物を扱っていた。

十七歳のとき父が世を去る。これからは彼が、母と四人ずついる弟妹の面倒を見なければならない。強烈な個性と気難しさをもった彼は、家業を継いでしばらくすると出奔した。借金だらけだった。

一七四八年には、オーストリア継承戦争の間イタリアで戦ったプロヴァンス軍に出入りする商人になっていた。アルプスを越えて、王の兵士たちへ必需品を届ける。だが戦争が終わると、またしても仕事にあぶれた。それどころか、仕事の報酬の支払いも拒まれた。嫌気がさした彼は、グルノーブルで密売煙草を売って、細々と生活を立てていた。

いくつかの出来事を経て、彼は私たちの知るマンドランに変貌していく。まずサンテチエンヌ・ド・サンジョワールの教会での盗難事件での欠席裁判で漕役刑を宣告される。一七五三年には、二人の死者を出した殴り合いに巻きこまれる。再び司法の手を逃れたが、今度は車裂きの刑を宣告された。

だが運命の歯車が回ったのは同じ年の七月二十一日だった。弟のピエールが、贋金作りとして拷問――「尋問」と言われたが――を受けた後、グルノーブルで絞首刑に処せられたのだ。ピエールを告発したのは、徴税請負区の主任だった。

憎しみに我を忘れ復讐に駆られたルイは、名うての密売人、元兵士ベリザールの一団に加わり、すぐにこの一団の頭目になる。

確かにルイ・マンドランには人を惹きつける何もかもが備わっていた。天然痘の跡こそ残っていたが、金髪の髪が縁取る生き生きした顔と明るい色の目、がっしりした鼻、エネルギッシュで官能的な唇。その上、いつも陽気で活力にあふれていた。「上機嫌」とあだ名された彼は、絶えず笑い、煙草を吸いまくり、好んで痛飲し、そして部下を鼓舞して命令に従わせるすべを心得ていた。

一七五四年十二月二十七日付けの『ガゼット・ド・オランド』紙によれば、武装を固めた四〇〇人の部下を従えたマンドランは、「あらゆる試練を耐え忍ぶ勇気と大胆さ、危険を前にして称賛すべき冷静さと気概を示した。並はずれて辛抱強く労をいとわず、野心を満たすためなら、あらゆることに果敢に挑み、あらゆることに耐える」

何カ月にもわたって六回の野戦を戦いつつ、マンドランは煙草、塩、壁面装飾布を密売した。税関吏をものともせずに公の場で商品を売り、徴税請負区の係官を襲撃した。マンドランの軍は至るところにいた。ドーフィネ、オーヴェルニュ、ルエルグの各地方、スイス、タルン川流域。ヴォルテールもほれぼれと書いている。「マンドランは翼をもち、速いこと光のごとく……。それは奔流、農地《フェルム》（徴税請負区）の黄金色の収穫物を荒らす雹《ひょう》だ」

マンドランは時には暴虐に走り、ピエールの死への報復を望むあまり、徴税請負区の代理人を銃殺させたこともあった。後に裁判で、四十もの殺人を告発されている。本当はもっと多かったかもしれない。

マンドランは次第に、単なる密売人というより一つのシンボルになっていった。徴税請負人の不正に対する闘いのシンボルである。

だが間もなく包囲網が狭まり始める。マンドランの反抗は王権を激怒させていた。一七五五年五月十日、サヴォワのロシュフォールの城で夜を過ごしていたとき、密告者の通報によって逮捕された。副官のサンピエールとともに、すぐにヴァランスに連行される。

かのマラヴァル領主は、「トルケマーダ」「スペインの初代宗教裁判所長」顔負けという評判に違《たが》わなかった。十一日間の予審と八十時間以上の尋問の末、五月二十六日、ルイ・マンドランは、「密売人の頭目、大逆罪の罪人、殺人犯、盗人、公の秩序を乱した者」として車裂きの刑を宣告された。

二日後、刑を目の当たりにしようと、刑場の広場と家々の周辺、屋根の上にひしめく六千人の前で、刑が執行された。

マンドランが世を去るとすぐに、その偉業を称える歌や哀歌、詩が至るところに花開いた。殺人犯だったことはもう忘れられ、人々は彼の中に、徴税請負人の卑劣さと我慢ならない塩税局に対する闘いの英雄だけを見ようとした。

ルイ・マンドランの伝説が始まる……。

マンドランの死は、ある意味で、塩の「ベル・エポック」の終わりだった。

一七九〇年の塩税局の廃止、そして一年後の徴税請負区の廃止は、密売人も含め、塩の市場に何らかの形で関わっていた人々に不満を残した。ナポレオンによって再導入された塩税は、やがて他の税と同じ間接税にすぎなくなる。それでも「塩税」という名が、公式文書から消えるには一九四五年を待たねばならない。

十九世紀は、地中海岸の製塩所の工業化の前に、大西洋岸の塩田が徐々に衰退していく時期だった。

一九二八年、塩税とインド人に対する製塩の禁止を非難するガンジーの行進だけが、この貴重な白い黄金をいくらかなりとも偲ばせる。

今日、塩は再びどこにでもある当たり前のものになり、だれも塩の不足を心配したりしなくなった。だれもそんなことを思ってもみない。塩を輸入している国はほとんどない。フランスでは、海という供給源、岩塩の採掘の進歩、エーグ＝モルトやサラン・ド・ジローの製塩所開発の進歩で、十二分に需要が満たされる。

そもそも、塩の用途が変わっている。化学工業、硬水の軟水化工場、積雪期の道路網だけで、生産の九十パーセントを使い、食品に使われるのは十パーセントにすぎない。

王の白い黄金は、われわれの先祖があがめ、時には死に至るまで戦った魔法の食べ物ではなくなった。かつてあれほど大切にされた清浄さが意味を失うにつれ、塩はほとんど気にもとめられなくなった。だが使徒マタイが伝えた「地の塩」がなければ、私たちはどうなるだろう。塩が長きにわたって人間に不可欠な食物であると同時に神と霊の食物でもあったことを、日本の力士だけが、今もその古来の儀式の中で記憶にとどめているように思われる。

第五章　ラ・カンティニ氏の梨

ルノートル、マンサール、ルヴォー……。「偉大なる世紀」十七世紀の香りを感じさせ、ヴェルサイユ宮殿の絢爛を思い出させる多くの名がある。それに引き換え、ジャン＝バティスト・ド・ラ・カンティニの名は、ルイ十四世の時代や農学を専門とする一握りの人を除けば、どれほどの人の記憶に残っているだろう。

だが二〇〇〇年の美食の歴史をたどる私たちの旅では、その名は大きな場所を占める。ラ・カンティニは何よりも、一つの情熱の歴史だった。我を忘れて自らの夢をひたすら追い求めた一人の男の……。庭や木、果物、菜園に対する彼の愛情は偏執と紙一重だった。

偉大な業績にはenthusiasme（熱情）が欠かせないという。この言葉の語源は、ギリシャ語で「神に取りつかれた」という意味だ。だとすれば、ジャン＝バティスト・ド・ラ・カンティニは、取りつかれた者たちの殿堂に列せられるにふさわしい。

もっともラ・カンティニが生きたのは、国王が自らを神に等しい者とみなす世界だった。王は天使ばかりとは言えない数千人の宮廷人と二〇〇〇万人のフランス人に君臨していた。

ジャン＝バティスト・ド・ラ・カンティニは一六二六年三月一日、シャラント県シャバネで生まれた。魚座の星の下、王の菜園ではなく宮殿の池で養殖に携わってもよかっただろう。

だが運命は時に気まぐれだ。

三人兄弟の次男だった父ギヨームは下級の財務職に携わり、一方、母フランソワーズは旧姓モランといい、ルイ十五世の侍医一人を含め数人の医師を輩出した家柄だった。ジャン＝バティストの二人の兄弟は、一人は国務評定官から検察官、もう一人は王の主任侍医でヌヴィル卿になった。

三世紀にわたり、ヴェルサイユから遠く離れたシャラントの郷土に根を下した家だった。

ラ・カンティニの幼少期については何もわからない。少し後になって、ポワティエで、まずイエズス会の中学《コレージュ》に通い、ついで大学で法律と哲学を学んでいたことがわかっている。見たところ、自然科学に対する興味はなかったわけだ。

彼はポワトゥー地方にぐずぐずしてなどいなかった。学位を得ると、「ポワトゥーの田舎の景色やシャバネ辺りの栗の木の植わった小さな谷には何の未練もなく」[*1]、まっすぐパリに向かい、そこで弁護士になり、王妃の主任調査官を務めた。

弁舌さわやかで、如才なく、魅力的なラ・カンティニは人に好かれた。司法官たちは彼の雄弁を評価し、また同席を好んだ。ほどなく上流階級にも名が知られ、実力者だった会計法院長ジャン・タンボノーが会ってみようと思うほどになった。

二人はすぐに接点を持った。タンボノーは一人息子ミシェルを溺愛していたが、息子がラ・カンティニになつくと、家庭教師にならないかと彼にもちかけた。

一六五四年のことだ。弁舌で成功していたラ・カンティニだったが、会計法院長の機嫌を損ねるより、申し出を受けた方がいいと判断した。タンボノー家は財力がある。フォーブール・サンジェルマンの豪華な館に住み、パリとヴェルサイユの上流階級のあらゆる人々を招待していた。タンボノーがヴェルリー通りで高利貸しをし、放埓な情事に耽っていることは非難の的だったが、関係ない。放縦も陰口もジャン＝バティストにはどうでもよかった。

野心家だったのか。いずれにせよラ・カンティニは、タンボノーの館がリュニベルシテ通りでも指折りの美しさをもつことに気付く。国王の主任建築家ルヴォーの手で設計され、建物の後ろに広がる庭の構成は、だれあろうルノートルの手になるものだった。

われらがジャン＝バティストを惹きつけるにはこれで充分だった。彼はミシェル＝アントワーヌの家庭教師になり、見事にその任を果たした。

ラ・カンティニが農業に関する著作と最初に出会い、古代ローマの著作家コルメラや詩人ウェルギリウス、博学の学者ヴァロを読むようになったのは、リュニベルシテ通りの図書室だったのだろうか。あるいは、自然に対する情熱はずっと前から芽生えていたのか。ルノートルと会い、自然をめぐって、運命を決定的に方向付けるような会話を交わしたのだろうか。今となっては知りようもない。

きっかけと見られてきたことはもう一つある。ラ・カンティニは一六五六年、タンボノーのお伴でイタリアに長い旅をしたらしい。プロヴァンス地方を通ったとき、モンペリエの植物園に魅せられ、その後イタリアでもピサ、パドヴァ、トリノ、ボローニャの植物園に惹かれたようだ。ローマ滞在中、その素晴らしさ——チボリのヴィラ・デステ、ヴィラ・アルドブランディーニ、バチカンの庭園――が永遠の香りを吹きこんだとも考えられる。

いずれにせよ、パリに戻るや、ラ・カンティニの頭は新しい情熱でいっぱいになった。農学、園芸、庭いじりに関して手に入る著作を片端から読み尽くした。あまりにのめり込んだため、どうしても初めての実験をしてみたくなった。一六九七年、『**Hommes illustres qui ont paru en France pendant ce siècle**（今世紀フランスの優れた人物）』の中でシャルル・ペローが語っている。「自然界での根の生成の仕組みを詳しく調べるため、ラ・カンティニは、同じ種類の木を同じ日に数本植え、八日おきに一本ずつすべて抜いていった。根の生成の始まり、進み具合、完成を見るためである。そしてだれも知らなかったことを発見した。移植された木は、植え替えられた後に生えた根からしか養分を吸収しない。これが地の栄養成分を吸い上げる口となる。植え替える木に残す小さな根、いわゆるひげ根からは吸収しないのである。だからラ・カンティニの教えるところによれば、移植に際しては、以前細心の注意を払ってやっていたように古い小さな根を残すのを止め、切るべきである。根を残せば乾いて苔が生え、役に立つどころか害になる」

理論から実践への移行は決定的だった。ラ・カンティニは天職を見つけた。庭師、農学者、樹木栽培家、園芸家、果物学・野菜学の大家、できるものなら同時にそのすべてになりたかった。植え付けの合間を縫って、マルグリット・ジュベールと結婚した。三人の息子が生まれたが、うち二人は二十二歳という運命の年を越えることができなかった。

自らの情熱に打ち込むラ・カンティニには、さらにまたとない切り札が備わっていた。その情熱を人に伝える能力だ。ラ・カンティニの驚くべき成果を見た主のタンボノーは、「ほとんど神秘に属する」その熱意に負け、館の庭の管理を彼に委ねることにした。

ジャン＝バティストはそこで腕を磨いた。彼の「緑の手」の評判は、間もなくリュニベルシテ通りをはるかに超えていく。大物がこぞって彼の手を借りた。モンパンシエ女公爵アンヌ・マリー・ルイーズ・ドルレアン、コンデ公、モントジエ公、コルベール、そしてだれよりも、ルイ十四世の財務卿ニコラ・フーケ。ラ・カンティニは、フーケの華麗な城ヴォー＝ル＝ヴィコントを美しく飾った、ルノートル、ルブラン、ルヴォーのチームに加わっている。この城の輝きは後に、太陽王の繊細すぎる瞳を容赦なく射たのだった。

幸いルイ十四世は、自尊心のあまりこのチームの才能を見誤ったりはしなかった。一六六一年、マザランが世を去り、ようやく力を手にした年、ルイ十四世はラ・カンティニの働きを求めた。王は、ヴェルサイユのグランド・リュとサン＝ジュリアン＝ド＝ブリウード教会の間にあった最初の菜園を彼にまかせた。

これが、あまたの違いに隔てられたこの二人の人物による、稀に見る共同事業の始まりだった。それは四半世紀以上も続くことになる。

ヴェルサイユの古い菜園はルイ十三世治世下ですでに存在していた。もちろんヴェルサイユはまだ質素な狩猟小屋にすぎず、菜園は、滞在がいくらか長引いたり、不意に客を迎えたりする場合に重宝することがあった。

つまり庭は実用第一だったわけだ。「司祭の庭《ジャルダン・ドゥ・キュレ》」〔ハーブや野菜、果物など実用的な作物を植えた庭をさして言う〕とも言うべき、古びたつつましい庭だった。

だがラ・カンティニの熱意が日常を一変させた。彼はすぐに仕事に取り組み、菜園の構造自体の変更に取りかかった。

歴史家エマニュエル・ル＝ロワ＝ラデュリによれば、菜園は長さ約二六〇メートル、幅一二六メートル。「端から端まで縦に通る長い小道で二等分され、それぞれがまた、縦の道を横切る小道で、塀に囲まれた三つの小さな庭に分けられていた。横切る道は円を描く別の道に通じ、庭の中に入らずに一めぐりできた。垣根仕立てにできる仕切りの面積も広かった。六つの庭はそれぞれ四つの花壇に分かれていた。二つの庭の中央に小さな円形の池があり、入口の右手には建物と温室が建てられていた」

ルロワによれば、菜園の細分化を望んだのはラ・カンティニだという。こうすればそれぞれを特定の植物の栽培にあてることができ、果樹を垣根仕立てにする仕切りも増える。

ラ・カンティニはすぐに王の菜園に新風を吹き込み、収穫を大きく向上させて広く驚きを呼んだ。だがそれでは飽き足らない。上質の土で集約栽培ができる新しい場所をすでに考えていた。クラニー池に近い日当たりの良い土地に目星をつけたが、認められなかった。

残念だがやむを得ない。一六六五年、エヌヴィルの主任司祭でコンデ公の庭師アントワーヌ・

ルジャンドルに代わって、ラ・カンティニは正式に王の庭師となる。次いで一六七〇年、王家の館の果樹園と菜園の管理を任される。ルイ十四世の手で署名された勅許状は、王がラ・カンティニにおいていた信頼を示すものだった。国王が「フランス財務総監コルベール卿の命の下、王家の各館に植えられた果樹、および今後植えられる果樹一切の管理を、現在および将来にわたって任せる」のはラ・カンティニである、と。

公式の任命だった。ラ・カンティニは王家の役人になり、年に二〇〇〇リーヴルの俸給と二〇〇〇リーヴルの特別手当をもらう身分になった。

キャリアの頂点に達したと思っただろうか。おそらくそうだろう。

だとすれば、ルイ十四世が、いつの日かヴェルサイユという名をほしいままにする、最も常軌を逸した事業、最も極端な夢想に取りかかったということを忘れていたのだ。

こうしてラ・カンティニは一六七六年から、自らの大事業に専念することになる。王の新しい菜園の実現である。

実は幸先は良くなかった。建築家マンサールは、大切な全体の幾何学を壊すことなく新しいオレンジ園《オランジュリー》を張り出させる南花壇《テラス・デュ・ミディ》構想にこだわり、後に「スイス人の池」と呼ばれる池をオレンジ園の先に配置することを考えていた。そうなると菜園は？　その脇にある、沼地としか言いようのない土地で我慢しなければならない。ヴェルサイユ村の排水が淀む池が三つ、最大の池は「臭い池」と呼ばれていた、不衛生な土地だった。

ラ・カンティニの茫然自失、くやしさは想像がつく。コルベールに、そしてだれあろう、王自身にも働きかけて、マンサールに計画の実現を断念させようとした。

だが奏功しなかった。実用面でも美的にも菜園は後回しにされた。

こうしてラ・カンティニは、とてつもない大仕事に取りかかることを迫られた。沼地の面積は十二ヘクタールに及んでいた。これを埋め立てるのだ。何週間にもわたって、専門の土木工の応援を受けたスイス連隊が、スコップや背負いかご、手押し車を手に、彼らの名をもつ池になる場所から土を運んで、三つの池を埋め立て、整地した。

一六七七年、菜園を囲む最初の塀が建てられる。ラ・カンティニは自分の領域を囲い込むため塀に非常にこだわりをもっていた。残りも続く。ラ・カンティニが計画し、マンサールが建築した、一段高い回廊になったテラス、その下を抜けるトンネル、階段。

肝心な仕事が残っていた。最高の耕作を期待できる申し分ない土を探す。ヴェルサイユ南西部サトリーの丘とパルク・オ・セール地区付近で見つけた土は「まずまず」だった。

疲労困憊だが幸福感に浸りつつ、ラ・カンティニは自分の菜園が少しずつ出来上がり、形をとっていくのを見た。ところが、ようやく力を緩められると思った矢先、大変なことが起きる。最初の年、豪雨が菜園を水浸しにしたのだ。「大雨がたびたび降り、菜園全体がまた池に戻ったか、少なくとも泥沼になったように見えた。近づくこともままならず、何よりも、木が根こそぎにされ、苗が水没したのは致命的だった*2」

なんということか。ほとんどすべてを一からやり直さねばならない。手押し車の慌ただしい動きが一層激しくなる。あらゆるものが動員された。人、スコップ、つるはし、剪定鎌、一輪荷車、荷車。水を吸った土を取り除いて別の土と入れ替え、堆肥を加え、排水溝用の小型切り石も運び込む。排水設備は、流れ落ちる雨水を「スイス人の池」へ引くためにラ・カンティニが開発したものだ。

たゆみない努力はやがて報われる。二年後の一六七九年、最初のいちごが植えられた。奇跡だった。マンサールも、そしてことのほか気難しいルイ十四世をもこの上なく満足させたに違いない。

当時の版画が伝える通り、ラ・カンティニの菜園は左右対称と四角を配し、「偉大なる世紀」の様式に則っていた。当時、完全性は幾何学的にしか考えられなかった。寒がりのマントノン夫人はある日、ルイ十四世が大切なヴェルサイユの正面の調和を保つため、彼女の部屋の窓に鎧戸を付けるのを拒むと言った。「陛下、左右対称に殉じなくてはなりませんのね」

だがラ・カンティニの菜園は単なる安易な順応主義でこの法則に従っていたわけではない。「ラ・カンティニの独創性はまさに、農業面での高い技術性と、ヴェルサイユ全域に求められた優美さという、二つの要求の融合にあった。国王は菜園の立地については彼の希望を入れなかったが、構成に関しては白紙委任を与えていたようだ。一段低く作られた多くの庭、傾斜をつけた植え付け、イチジク園の温室、塀に囲まれた細分化された小さな庭。それはまさに果物と野菜の大量生産をめざした『産業』であり、菜園がずらりと並んだコレクション陳列室であるのを見た当時の訪問客を驚嘆させた」[*3]

陳列室の作り手が自らの菜園の配置に見せた細心さは、訪問者の目を見張らせずにはおかなかった。はるか遠いシャム王国や、建築家ニコデムス・テッシン〔一六五四～一七二八〕のようにスウェーデンからの来訪者までも。テッシンは旅行記の中で、一六八七年に王の菜園を訪ねた時のことを熱心に書いている。「王の菜園は城から見て左手のはるか下方、オレンジ園に続く大きな池の脇にある。中央に大きな庭が一つ、その周りに、それぞれが高さ八オーヌまである壁で囲まれた庭が三十。ラ・カンティニの住まいは広く、菜園に入ってすぐのところにあり、一番近くにメロンとイチジクの庭を置いている。……菜園の立地は非常に湿地的だが、この問題に実に適切に対処してある。広い道の中央に排水渠を設け、枝分かれした深さ七、八ピエまである排水溝を網の目のように張り巡らしている。その後、すべての苗床を盛り土の上に作り、周りの生け垣を苗床側約三ピエ、道側約一ピエの高さに剪定している。中央の大きな菜園は、垣根仕立てが施されたテラスと壁に囲まれている。テラスの上からでも下からでも周りの菜園へ行くことができ、周りの菜園の戸も対になっている。池に近い下の方では、春の果物への日当たりを三時間長くするため、壁が短く切れている。排水はすべて、この大きな池に行く。周りのそれぞれの区画の中央には井戸があり、その他の庭もみなほぼ同じである」[*4]

庭とヴェルサイユの太陽を浴びて育つ果物や野菜が美しいからと言って、そこを支配する集中的な活動を忘れてはならない。三十人ほどの庭師を率いたラ・カンティニは、聖職に身を捧げるように栽培作物に身を捧げた。そのことだけを考え、そのためだけに生きた。強すぎる日差しも冬の霜も、天候の急変と植物が被るリスクは常に気にかけていた。

国王陛下の菜園は、単なる贅沢な食品庫というだけではなかった。息付いている場所、一種の屋外研究室だった。飽くことのない好奇心の持ち主だったラ・カンティニは、生物学と植物学の知識を豊かにするため、絶えず新しい実験を試みた。冬にオレンジの木を保管しておくための取り外し可能な温室、釣鐘型のガラスの覆いをかける栽培法を開発した。のこぎり、小剪定刀など道具の改良も促した。剪定、挿し木、接ぎ木といった新技術を駆使して、野菜と果樹の栽培を大きく進歩させた。

取り組みの成果は、ラ・カンティニが王の菜園の世話を止めたずっと後にも現れる。啓蒙の世紀の偉大な植物学者の大半が王家の植物園を訪れているのは偶然ではない。

菜園の小道に沿って歩き、有名な四角の庭々で育つ果物と野菜の多様さを目にすれば、王の菜園が訪問客をどれほど魅了したかがわかる。

ラ・カンティニは温室を使って、三月から八月末までイチジクを、十二月にアスパラガスといちごを生産することができた。

そもそも太陽王の気まぐれを満足させるための手間を惜しんだことなどあるだろうか。

ルイ十四世の大好物アスパラガスは、なんと六〇〇〇本以上。やはり好物のアーティチョークは一〇〇〇本ほど。他にも、グリンピース、メロン、ポロネギ、ニンジン、カブ、キャベツ、ホウレンソウ、ニンニク、玉ねぎ、カボチャ、西洋カボチャ、ズッキーニ、さまざまな色のコロシント、レタス、キュウリ、黒ラディッシュ、そして今日では名前も味も忘れられた多くの野菜が作られていた。庭では、花の花壇が野菜の花壇と仲良く隣り合い、すべてが、味覚だけでなく目も楽しませるように配されていた。

それでも王の庭師が最も多くの時間とエネルギーを注いだのは、間違いなく果樹と果物だった。いちご、ラズベリー、マスカットブドウ、りんごの木、いちごの苗、杏の木、桃の木、すももの木。実験的に、垣根仕立てにしたイチジクや洋梨の栽培もした。

ルイ十四世はイチジクに目がなく、ラ・カンティニはこの食の欲求を満足させるよう気を配った。「われらの偉大な国王がこの果物にどれほどの喜びを見出されるかを鑑み、また霜の降りる時期に木が枯れ、あるいは少なくとも果実を一年中手に入れられなくなることを恐れ、王家の館の全果樹園、全菜園の管理を任される栄に浴する私は、毎年確実に多くのイチジクを手に入れる方法を考案するに至った」

黒イチジクよりも「良い白イチジク」を選ぶように。彼の助言はそれだけだ。

実はラ・カンティニの最大の関心はイチジクではなく洋梨にあったのだ。著作では洋梨の話はとどまるところを知らず、「王の菜園」には洋梨の木がふんだんに植えられていた。

長いキャリアの間に彼はどれほど植えたことだろう。数万本にのぼるかもしれない。今日、パスクラサン、ドワイエンヌ・ド・コミス（コミス）、ブーレ・アルディ、ルイーズ・ボンヌ、ウィリアムスといった種類が知られているが、当時は同じように美味しそうな名をもつ種類が他にもたくさんあった。ムイユ・ブーシュ、メシル・ジャン、キュイス・マダム、カティヤック……。

ラ・カンティニといえども好き嫌いはあったわけだ。彼は著作『Instruction pour les jardins fruitiers et potagers（果樹園と菜園の手引き）』の中で洋梨に、りんごよりも多くの章を割いている。種類、品質、栽培方法をあまりに延々と述べており、読者もしまいには閉口するしかない。

贔屓《ひいき》は間違いなく冬のボン・クレティアン、嫌っていたのはカティヤック、「ろくな梨をつけない」から決して植えるなと言っている。ボン・クレティアンにはその魅力を誇るのになんと八ページも費やしている。そもそも、と彼は書く。「わが先人は峻別するために『良い《ボン》』と名をつけたのである。他のどの梨にもそうはしなかった」

その他に評価した梨は六種。新たなエデンの園にもなろうかと人の思い巡らす、この「王の菜園」という一大シンフォニーにおいて、ボン・クレティアンとともに基調音を奏でるのはブーレ、ヴィルグーレ、レシャスリー、アンブレット、冬のエピーヌ、ルスレである。

続きをお望みだろうかラ・カンティニの話はまったくきりがなくてかなわない。微に入り細を穿つ長々とした記述をようやく止めたと思いきや、先を続けるべく一息入れただけなのだ。種の名前、垣に並べ植える順まで挙げている。

こうして菜園に一〇〇〇本の洋梨が植わることになった。その揚げ句、訴えかけるように嘆く。「もし一本に十二個しか実がつかなければ一万二〇〇〇個。この梨の使い道を知りたいという人がいるなら、大部分を人に贈るか、全部売るか、シードルを作る以外にどうするのかこちらから尋ねてみたいものだ。正直言って、私はこの数字では悲しくなるというか、情けなくなるほど心細い。少なくとも半分は食べられないとわかっているのだから」

ラ・カンティニは、大量の収穫という狂おしいほどのこだわりに取りつかれていたのだろうか。ご安心いただきたい。王の菜園の余剰生産分は貧者に分配されていた。

とはいえヴェルサイユで作られた果物と野菜は、宮廷が必要とすればほとんど残らず消費された。テッシンはなんと、一日メロン一五〇個、イチジク四〇〇〇個という数を挙げている。

果物と野菜は収穫後も長持ちさせねばならない。保存となると、物事は少々複雑になる。秋が来ると収穫し、摘み取って集めねばならない。もちろん手作業だ。ラ・カンティニが丹精した梨について、ゴブラン司祭が収穫法を詳しく書いている。「落ちないよう常に左手を梨の下に置き、持ち上げながら果柄を右からもぎとる。果柄を傷めないよう、ひとりでに枝から離れるようにする。果柄のない梨は名誉を失ったのである。それゆえ他の者が気を付けられるよう、果柄を傷めた者がいたら不器用者と大声で咎《とが》めよ」

収穫した実は貯蔵所に入れ、苔や干し草、乾いた砂の上に並べる。さらに保存状態を最適にするには、涼しく湿気の少ない空気が必要で、光、隙間風はあまりあってはならない。

敵は気候の気まぐれ、保存の難しさ、収穫の良しあしだけではなかった。今日なら笑いを誘う「りんご盗人」という言葉も当時は意味があった。ラ・カンティニは盗人対策を立てただろうか。彼の言葉は残っていないが、ゴブラン司祭は容赦なく、「ボン・クレティアンに戦いをしかける悪しき《メシャン》キリスト教徒《クレティアン》がいる」。最低限の用心が必要だ。収穫期が来たら、銃で武装し「キャンキャンと吠えて村の大型番犬の目を覚まさせる小型犬」を連れた二人の男を雇えと助言している。男たちには金を払い、アルコールを禁止すること。そうすれば菜園はどんな敵の侵入からも守られるだろう。

ラ・カンティニは、武装した男を雇うことなく、のちにシャンソン歌手シャルル・トレネを魅了する、この「素晴らしい庭」を晩年まで丹精込めて見守った。すべての労苦の見返りに、一六八七年八月、ラ・カンティニは爵位を授けられた。自ら選んだ大紋章は「紺の杉綾模様に銀が入り、二つの星がつき、頂点には緑の木が一本とやはり緑の地面」があった。翌年彼はヴェルサイユで安らかに息をひきとった。

二年後の一六九〇年、息子が『Instruction pour les jardins fruitiers et potagers』の分厚い二冊を携えて、パリのバルバン社に現れた。この著作は大成功を収めた一方、激しい議論も巻き起こした。一七八六年までに再編集されたが、重農主義者と十九世紀の植物学者からは厳しく攻撃された。

それと比べれば今日の農学者は、いささか消化不良気味のこの手引きにずっと寛大で、果樹栽培についての考察に妥当性さえ認めている。

ジャン＝バティスト・ド・ラ・カンティニの名は、農学の知識よりも、王の菜園を作り、その世話に心血を注いだことによって記憶にとどめられるべきだ。

ラ・カンティニの菜園は彼自身よりも長く命を保った。あまりにもパリ中心だった摂政時代には捨て置かれたが、ルイ十五世の治世下では名誉ある位置を取り戻した。ルイ十五世は、王妃マリー・レクザンスカの修道院建設のためにアスパラガスの畑を移すことを認めなかった。革命下では放っておかれたものの、十九世紀にはその輝きと威厳を回復した。菜園は、皇帝とブルボン王朝の最後の王たち、ナポレオン三世、さらに一八七〇年ドイツがヴェルサイユ宮殿を占領するとプロイセン国王と息子の皇太子の食卓まで養った。三年後、国立樹木栽培学校設立の決定が菜園の運命を決定的に確固たるものにした。

一九七六年、国立高等造園学校がラ・カンティニ氏の教えの残る地に建てられた。生徒たちも薫陶を感じとっているのではなかろうか。

ヴェルサイユ住民の多くは知らないが、王の菜園から取れる果物と野菜を手に入れることは現在でもできる。

ラ・カンティニの思い出が残念ながら「ボン・クレティアン」愛好家の記憶にしか残っていないとしても、その業績は世紀を越えて生きている。はるか後の後継者たちの忍耐強さや知識がラ・

カンティニから受け継がれたものであることを彼は誇りに思っていい。

ラ・カンティニは、老リシュリュー元帥［リシュリュー枢機卿の大甥にあたる］と同じく、晩節を汚さなかった。リシュリューは良き廷臣として一七八八年、革命を知ることなく世を去った。ちょうど一世紀前に世を去ったラ・カンティニは、一七〇九年の恐ろしい冬を知らずに済むという幸運に恵まれた。この冬、彼のりんごの木、アスパラガスの四角の畑、そして彼の梨の木も枯れたのだった。

第六章　司厨長《メートル・ドテル》ヴァテルが自ら命を絶った理由

「鮭数匹の多寡《たか》のために……」

一八二五年一月十八日、パリ。国王シャルル十世の息子の妻ベリー公爵夫人の劇場で、劇作家E・スクリーブ、E・マゼール両氏作の軽喜劇が演じられた。演目は「ヴァテル、偉大な人物の孫」。重要な晩餐会を控えた、ある大使の司厨長を描いたものだ。主要登場人物は、実在のヴァテルの孫という設定の司厨長、その息子セザール、女性料理人マネット。

ヴァテルの名前だけで、大勢の客が押しかけていた。コンデ公ルイ二世・ド・ブルボンの司厨長だった彼が、一六七一年四月シャンティイで催された大晩餐会のとき、汚名を避けるために自ら命を絶ったことはだれもが知るところだ。物語は皆の記憶に残っている。

劇中、この事件の話が出るのをみな、今か今かと待ち受けていた。観客の期待は裏切られなかった。セザールとマネットのさし向かいの場面でこの事件が語られる。だが、悲愴な調子というわけではなかった。

セザール：お入りください。マドモワゼル。ご心配要りません。父は留守です。

マネット：お父様は意地悪ですね。

セザール：意地悪と！　そうではありません。誇り高いのです。

マネット：なぜですの？

セザール：マネット、なぜとお聞きになるのですか。ヴァテルという名だからです。

マネット：ひいおじい様はどんな方だったのですか？
セザール：曾祖父は優れた人でした。有力家の料理人で、チュレンヌ氏と同じ年に世を去る幸運に恵まれました。フランス全土にとって悲しむべき出来事だった。でも父が綿のコック帽をとって言った通りです。「何も言うことはない。戦場で世を去ったのだから」
マネット：戦場？
セザール：そうです。曾祖父の戦場、料理です。ある日のこと、それは今日と同じ、大晩餐会の日でした。鮮魚が到着しなかった。曾祖父は怒りを募らせた。侮辱されたと感じた。名誉が数匹の鮭にかかっているかのように。曾祖父は剣を取り、ためらうことなく、心臓を一突きした。世を去りました。そして魚はそのすぐ後に届いたのです。何ということでしょう。よく知られた話です。セヴィニエ夫人が語っています。

セヴィニエ夫人が語ったことは、皆が知っている。

一六七一年以来、多くの歴史家がフランソワ・ヴァテルの死に関心をもった。多くが疑問を抱き、結局たいていは美食学の歴史の伝説、というか謎という意見に落ち着く。

偉大なカレームは十九世紀にこう語ってはばからなかった。「フランスの料理人を突き動かすもの、それは名誉である。名誉は料理芸術と一体だ。偉大なヴァテルの死がその証拠である」

一方アレクサンドル・デュマは、自分の敵には至極寛大な割に、ヴァテルには批判的だ。『大料理事典』でこう書いている。「季節を考えれば、外気は涼しく、氷詰めにでもしておけば、魚は三日や四日もたせることができただろう。それをせずに魚が足りなくなるなどというのは、先見の明のない人間のやることであり、もっと想像力を働かせて、不慮の事態に備えて手を打っておけば、彼はそこから生じた不運で身を滅ぼさずともよかったはずである」[*1]（辻静雄他編訳）

ヴァテルは議論の的なのだ。

だが、フランソワ・ヴァテルとは本当のところ何者だったのか。そもそも料理人だったのか、それとも司厨長だっただけなのか。あるいはそのどちらでもなかったのか。

ヴァテルをめぐっては美点が賞賛されたり悪評が書かれたり、あるいはほめそやされることもあれば貶《おとし》められることもあった。演目や料理、レストランにその名がつけられ、「ヴァテルの好敵手」「ヴァテルの弟子」「現代のヴァテル」と言った表現が使われ、乱用されてきた。だがヴァテルをめぐって三世紀以上作り上げられてきた伝説はあまりにあやふやであり、人となりが知られないままのこの人物に誰しも興味を抱かずにはいられない。

第一、生年からしてわかっていない。海軍の元史料編纂官オーギュスタン・ジャルは、一八七二年に出版した『Dictionnaire critique de biographie et d'histoire（伝記および歴史に関する考証辞書）』の中でヴァテルに注記を割き、生まれを一六二二年～二七年と推測している。

生年月日を明らかにしてくれるはずの教区の登録帳は、第一次世界大戦の混乱で失われた。確かなのは、一六二四年に結婚した富農のピエール・ワテルとミシェル・クローデルの息子ということだけだ。一家は、ピカルディー地方ペロンヌ裁判所管区にあるアレーニュの村に住んでいた。

まったく平凡な家族だったわけだ。比類ない運命が待っているにしては。

経歴も見事にわかっていない。ピカルディーで生まれたというが明確ではなく、そこからルイ十四世の実力派財務卿ニコラ・フーケの司厨長としてパリとヴォーに姿を現すまでは闇の中だ。司厨長というのは決して責任の軽い仕事でも閑職でもない。ヴァテルはいったいどうやってこの職に就くことができたのだろう。しかもフーケの家で。どんな工作、どんなコネ、どんな戦術、あるいはどんな輝かしい経歴によってだろうか。ヴァテルのたどった道筋は、今となってはうかがい知るすべもない、分厚い秘密のベールに包まれたままだ。

いずれにせよ、フーケに仕える身になっていたという事実からすれば、そのような職に名乗りをあげるだけの才能を、それまでに充分示していたと考えられる。

「偉大なる世紀」の司厨長というのは、単なる重々しい顕職や役職ではなく、掛け値なしの重責だった。ドミニク・ミシェルは書いている。「食卓のサーヴィスに携わるだけでなく、物資の調達にも、また今日人材管理と呼ばれるものにもあたっていた。日常の献立も、晩餐会の献立も、主人の好みを聞きながら練り上げる。料理と栄養学の知識をもち、料理人と議論を交わして、料理を多様化させ、数を増やす。厨房《キュイジーヌ》と配膳準備室《オフィス》［主に冷菜やデザートを準備する調理場］で用意されたものをコーディネートするただ一人の人物である*2」

テーブルの設え、料理が供される順番、その質、料理の盛り付けにも責任をもつ。

それゆえ、料理人よりもまたサーヴィスを行う給仕人よりも、まず最初に評価されるのが司厨長で、一切の責任者だった。間違いは一つも許されなかった。パリの司教補佐の家でひどくお粗末な食事をしたランスの大司教は、自分の召使を呼び集めてその惨憺たる食事を見せ、脅しの言葉で締めくくった。「そんな羽目に陥らないように用心できるよう言っておくが、私にこんな扱いをすることがあれば、みな死んだ方がよい」

調和を乱す調子外れの音は厳禁だった。

仕事のストレスと健康問題を結び付けるようになった今日、こういう話は鳥肌が立つ。

十七世紀の司厨長になるのは、いわば頭の上に肉切り包丁が常にぶら下がっている状態で働くことだった。

主人だけは、もし必要なら司厨長を厳しく叱責できた。司厨長は主と家族の食卓を任され、さらに使用人の栄養管理も任されていた。使用人の生活も司厨長の責任だった。

家内の物事の進み具合に目を光らせ、最も質の良い食材を最も安く取り寄せる。すでに他の出費で目減りしている主の財産を節約すべく、小売ではなく卸で買い入れる。物資調達は主要責務であり、これは季節に応じて変わった。夏は厨房用の薪と炭、またジャム、果物、爽やかなシロップ、花酢、キュウリ、モリーユ、乾燥したムスロン［ハラタケ科のきのこ］を仕入れる。秋には冬用の薪と炭の備蓄を備え、脂肉とろうそくを貯蔵する。冬には冷蔵庫に雪や氷を供給し、地下倉庫と食品庫にスパイスや香草、油、ドライフルーツ、砂糖、要するに「食料品店の在庫」一切を仕入れ、備蓄を整えておかなくてはならない。

最も高貴な家では司厨長は、あらゆる不測の事態を切り抜ける用意が整っていなければならなかった。常に出動可能で、常に臨戦態勢。主が出かければ付き添う。必要なら戦争にも。その場合、料理の材料の調達と輸送を手配するのも司厨長だ。

兵站《へいたん》がどのようなものだったか、今日、想像がつくだろうか。糧食を調達し、ワインと一緒にケースや軍の旅行用トランクに詰め、食器、カトラリー、食卓用の布製品、多くの不可欠な調理道具を運び……。どれほど短くても旅行中の不測の事態も忘れてはならない。

気苦労は際限なかったことだろう。とりわけ、一人ひとりを厳密な規則に則って遇しなければならない重要人物が姿を見せる、盛大な饗宴のときには。

買い物を任された召使に金を渡す、日々収支帳簿を細かくつける、使用人を雇う。これらすべてもまた司厨長の職権に属した。それゆえ不測の事態に備えて慎重の上にも慎重に、重責を担うのを支えてくれる人々を選ぶ。配膳準備室《オフィス》の見習い、ピケ職人、守衛、料理長、見習いコック、焼き串係、厨房の下働きの女、椅子運び……。

これだけの人間が家内にいれば、日常的に内部で問題が起きずにはいないだろうと、容易に想像がつく。使用人を監督し、金の使い過ぎや盗難に目を光らせ、軋轢をなだめ、権威の濫用を戒め、喧嘩のときに下の者を叩こうとした使用人を叱る。この最後のケースでは、司厨長は「仕置きを与え」たり、強情を張る者は首にする権限があった。

司厨長は一種の「使命」が与えられていたからだ。厨房や食卓だけでなく、道徳的秩序にも目を光らせること。厨房では手を上げてはならず、罵り言葉も、ましてや冒瀆もいけない。盗みはご法度——厳しく罰せられた——、あまりに大っぴらな色恋もみだらな振る舞いもいけない、教会の掟に反する気晴らしも、厨房の食材の「無駄使い」もいけないし、主の食卓の残り物でただ飯を食うのもいけない。召使が病気になれば世話をし、だれが相手でも平等にふるまうことも司厨長に課せられていた。

このすべての労苦に対してどれほどの報酬を受け取っていたのか。十七世紀末、有力家に仕える司厨長であれば、俸給は年に五〇〇リーヴル、これは料理人より二〇〇リーヴル高い。その上に、数々の現物支給特典があり、厨房で作られたものを売って利益を得たり、時には主から下賜があったことも忘れてはならない。

ニコラ・フーケほど用心深い有力者が、どうしてこのような役目を、絶対の信頼を置いていない人間にまかせるだろう。後に逮捕された財務卿は、裁判に際してヴァテルのことを、確かに自分の「家のことを任せていた司厨長」であり、「当時、使用人のトップだった」とまで言っている。逮捕、投獄されたときヴァテルを呼ぶことができるよう、フーケが頼んでいたことさえ知られている。

だとすれば？

ヴァテルはこの高い職責にたどり着くまで、フーケ家で何年も上下関係の階段を上っていったのか。あるいは地位の低い他家に仕えているうちに、その才能が最も有力な人物の目にとまったのか。暇な時間には煮込み用フライパンやカソレット［オードブルを盛りつける香炉型の容器］、ピケ針をいじったりしたのだろうか。

今となっては知る由もない。だが、ヴァテルがフーケの傍らにいたことが単なる自然の成り行きとも考えにくい。

フーケ家ではヴァテルは明らかに単なる司厨長ではなく、いわば寄り添う「影」、目立たないがあらゆるところにいる存在だった。財務卿は、周りに人をおくすべを心得ていた。人脈の中心になる前でさえ、大所帯で暮らし、傍らには兄弟姉妹、いとこ、友人、同盟者たちがいた。その中から信頼できる忠実な司厨長を見つけたとしても不思議はない。あるいはヴァテルの方がフーケを選んだのかもしれない。

ブルターニュの富裕な船主の息子だったフーケは、ヴァテルより少なくとも十歳は年上で、主任調査官、国務諮問会議評定官、メス高等法院評定官、そして軍事監督官を歴任した。一六四八年、マザラン枢機卿の知遇を得、マザランは二度にわたってフーケをパリの地方長官に任命した。パリが騒乱に巻きこまれたフロンドの乱［一六四八年～五三年、高等法院や貴族を中心とする反王権運動］の厄介な時期だった。例外的な経歴と言える。一六五〇年、フーケはパリ高等法院の主席検察官の職を買いとった。フーケは、他の人々のように王制に背を向けることがなかった。ルイ十三世の妻アンヌ・ドートリッシュと、庇護者であるマザランにずっと忠実だった。フロンドの乱の最悪の時期、フーケはマザランの膨大なコレクションを救ってやった。

フーケが常に示した有能さ、優秀さに加え、こうした忠実と献身が報われるときが来る。一六五三年、フーケは財務卿となり、大臣として王制の最高機関である最高国務会議に入った。フーケが莫大な財産を築いたのは、とりわけこの職にあったときである。フランス財政を救い、国庫に金を貸し、偉大な「奉仕者」として姿を現した彼は、また前任者たちと同様、自分の分け前を懐に収めてもいたからだ。私腹を肥やし、王国の「王族・大貴族」を嫉妬させるほど、豪奢な生活を送った。

ニコラ・フーケは驚くべき人物だ。とてつもない魅力の持ち主だった。審美家で好奇心が強く、知識の豊かな読書家、芸術愛好家で文化・芸術の庇護者、ルヴォー、ルノートル、ルブランのキャリアを後押しし、ラフォンテーヌとモリエールを庇護した。

ヴァテルも庇護を受けたのか。おそらくそうだろう。

一六五六年、フーケの下でのヴァテルの職責が数多く多岐にわたっていたことを示す資料が、ようやく現れてくる。

ヴァテルは財務卿が「万事を任せる人物」になっていた。財務卿は莫大な財産があり、ルーブル宮にアパルトマンをもっていたが、ヴィエイユ＝デュ＝タンプル通りにある、二番目の妻の豪奢な屋敷に住んでいた。そこからほど近いオテル・ド・ナルボンヌも買い取り、さらに、前任の財務卿パルティセリ・デメリのものだった屋敷も買っていた。だが、最も気に入っていたのはヴァンセンヌの脇にある、サン＝マンデの領地だった。ここを飾り立ててやまず、外見は控えめな建物の中には、三万冊の蔵書を有する図書館、ルブランの装飾になるサロン、ヴェロネーゼとニコラ・プーサンの絵画、エジプトの骨董品があった。外には、庭園と薬草の菜園を作らせた。馬も所有し、獣小屋もあった。

　貴人フーケは知性と如才なさを備え、機を見るに敏、芸術と金を等しく愛し、感謝と忠実を知っていた。何よりも人に囲まれることを知っており、常に人を迎え、王国の「上流人士」に数えられる人物、特に宮廷に属し、国王の近くに出入りする人々を好んで招いた。

　そういう人々を惹きつけるのに、食事に勝る方法があろうか。十七世紀、食事は今日でいう「富の表出」だった。味覚を楽しませるだけでなく、口を緩ませて話を引き出し、関係を築き、妥協を図るのに最適だ。フーケがだれよりもよく知っていた通り、味方を作るには、贅沢に慣れきった招待客をうっとりするような環境で喜ばせ、驚かせ、虚栄心をくすぐり、ひとときの夢と安逸を提供するに如《し》くはない。特に、味方を必要としているときには……。

　一六五六年八月、こうしてフーケは、王の実の伯父ガストン・ドルレアンを迎えた。司厨長として饗宴を取り仕切ったのはヴァテルだった。大変に暑い日で、財務卿の招待客は涼を求めてサン＝マンデの園にやってきた。ヴァテルはすべて手抜かりなく、ワインを冷やす氷に至るまで、準備万端整えていた。客は陶然となるほかなかった。
詩人ジャン・ロレは『Muse historique（歴史を詠う）』でこう伝えている。*3

――主席検察官フーケ
いやはやまったく途方もない人物だ
遠くペルシャでも人は言う
その任にふさわしいと。
日曜日お迎えしたのは
ガストン殿下
ほど近いサン＝マンデの館
回される焼き串の数々
美味なる新鮮なジビエを焼くために
大金を払って遠くから運ばれてきたのだ。
館では何もかもがあふれんばかり
果物も、はたまた肉も
占いに聞くまでもなく
ワインを一〇〇フラン飲んだのは明らか

氷よりも冷たいワイン
猛暑にもかかわらず
デザートが終われば耳に響くは妙なる調べ

ヴァテルはすでに、その企画センスと饗宴、申し分のない趣味の良さ、目を楽しませる食卓を設える術で評判だった。

ヴァンセンヌに住む面々は、何かと理由をつけてはサン＝マンデにやってきた。ディネだ、スペだ、あるいは単なる軽食だといって、また劇、舞踏会、気晴らしの寸劇だといって。フーケの館では本当に気分がいい。

こうした賓客の中に頻々と顔を出していたのが、マザランと、そして当時弱冠十八歳のルイ十四世だった。フーケの命を受けてヴァテルは豪華にもてなし、どんな些細な要望や気まぐれにも応えた。宮廷が耽ったこのゲームに、フーケは財を注ぎ込んだ。

こうした饗宴は、あらかじめ企画されていたものも思いつきで催されたものもあったが、ヴァテルの評判を高めていった。彼の名は、権力の回廊の至るところで聞かれるようになる。マザランもコルベール――枢機卿の信任厚いもう一人の人物――も、自身と賓客を満足させるために、折にふれてヴァテルの手を借りた。一六五六年九月二十八日、サヴォワへ向かうスウェーデン王妃クリスティーナに敬意を表して、フーケがムランで催した送別の宴もヴァテルにまかされた。

ヴァテルを通してフーケは、リベラルな貴人にして如才ない財務家、最高の主人役、芸術と文学の庇護者という自らのイメージを揺るぎないものにした。フーケはサン＝マンデでだれかれなくもてなした。ルイ十四世、マザラン、サンジェルマン＝アン＝レーの宮廷人に加え、セヴィニエ夫人、ヴァレンティノワ公爵夫人、詩人のスカロン、コルネイユ、モリエール、ラフォンテーヌ、ルブラン、ルノートル、ルヴォー、ジャン＝バティスト・ド・ラ・カンティニ、さらにはフーケの仕事の部下である財務官吏たち。だれもが賛辞を口にし、あらゆる天与の贈り物を備えた財務卿のイメージを称えた。フーケから年金を受け取っている者――ラフォンテーヌ、スカロン――や、借りのある者――フーケはマザランの補佐役ユーグ・ド・リオンヌの賭けごとの借金を払ってやった――もいた。

一六五九年以降、ヴァテルの姿は、もっぱらヴォー＝ル＝ヴィコントで見られるようになる。フーケは一六四一年にはすでにここを手に入れていた。その後毎年、土地を買い足し、ヴォーの所領だけでなく、ムランの子爵領の半分も所有するまでになっていた。土地はかなりの収入源となっていた。

それでも財務卿がヴォーの村と古い城を取り壊して、自らのイメージ通りの豪奢な居城を建設することにしたのは、ようやく一六五六年――間違いなく実り豊かな年――だった。

出来上がったものは期待に違わなかった。またしてもフーケは、最良の人物たちの手を借りた。設計と建築をルヴォーに、庭園をルノートルに、城の内部装飾をルブランに、オレンジ園と菜園をラ・カンティニに。何週間にもわたる驚くべき労苦の末に、姿を現した見事な城を目にした者は、その壮麗さに度肝を抜かれた。主棟の横には巨大な柱の施された大きな翼が張り出し、イオニア式やドリス式円柱、壮麗な正面《ファサード》、王国最高の貴人の望みをもはるかに凌駕する庭園、泉、噴水。すべてが、魅力、美、贅、快楽以外の何物でもなかった。

おそらく度が過ぎたのだ。フーケの失脚を誓っていたコルベールはこれ見よがしのこの壮麗さに驚いた。財務卿の財力がどこから来ているのかは、ずっと以前からたびたび政権の懸念材料になっていた。フーケは明らかに国家を食い物にし、不正な方法で蓄財している。これを正さなくてはならない。そもそも国家にしてからが、フーケと彼に力を貸す金貸しに五〇〇万リーヴル以上の借金があるではないか。

不興の風向きをまだ充分に感じとっていなかったフーケは富を誇示し、嫉妬を買った。とりわけ、まだマザランの影にいて時の到来を待っていた若い野心家の王に気づいていなかった。一六五九年、それでもフーケに不安がないわけではなかった。頭の上にダモクレスの剣がつるされていることはひしひしと感じていた。だからこそ、レスの公爵領で前年買ったベル＝イル島に城砦を築かせたのだ。

ヴァテルがヴォー＝ル＝ヴィコントで取り仕切ることになる饗宴のことを思い描いていたころ、財務卿には焦眉の急があった。出費を隠し、慎ましく見せる。執事のベニニュ・クルトワに書いている。「ヴォーを訪れる客があれば付き添って、あまり物を見せないようにし、新しい運河の側へも、多くの美術品がある所へも行かせないように。歩き回れないよう閉めておければ、それに越したことはない。どう思うか」

六月、ヴァテルはヴォーでの最初の饗宴の企画を任された。ピレネー和平条約締結に向かうマザランがヴォーに立ち寄って城とルノートルの完成した庭園を鑑賞し、ついでにフーケに十五万リーヴルの借金を申し込んだ。その次がルイ十四世、母后アンヌ・ドートリッシュ、そして王弟殿下。みな降参した。だが一人だけ頑なに沈黙を守った。ルイである。

ヴォーでは絶えず工事が行われていた。特に、厨房やボイラー室・リネン室、ワイン蔵、洗濯場、食品貯蔵庫、パン貯蔵室などが置かれた地下で改良工事を行う必要があった。

こうした厄介事も、ヴァテルが見事なまでに役目を果たす妨げにはならなかった。

フーケだけがふだんより沈んでいるようだった。故なきことではない。コルベールがフーケを失脚させようと躍起になっている証拠をつかんだところだったのだ。セヴィニエ夫人が後に「北風」とあだ名するコルベールは、フーケに財務卿の役をおりさせ、着服罪で法廷に召喚しようと腹を決めていた。後釜に座るためか。

フーケは今回は何くわぬ顔で、コルベールに敬意を表して盛大な宴を催すようヴァテルに命じた。

一六六〇年一月のことだ。コルベールはにこやかに振る舞い、このうわべの慇懃さに警戒心が緩んだフーケは、安堵のため息をついた。

七月、ヴァテルはまたもや臨戦態勢にあった。マザランが数人の財界人とともに財務卿の食卓に招かれたのだ。次は、ルイ十四世と、結婚したばかりの王妃マリー・テレーズ・デスパーニュ。ヴァテルは、またしてもいつも以上に見事にやり遂げた。フーケが王に供した宴と並べれば、他はみな「がつがつ飲み食いする粗末な食事」にすぎないと詩人ロレが語ったほどだ。

フーケは自信を取り戻す。だが間もなく、不穏な噂がまた聞こえ始めた。

ヴァテルは、主人とともにこの不安定な運命の浮き沈みをたどったのだろうか。

一六六一年三月九日のマザランの死がフーケを破滅させた。最大の支持者がいなくなり、枢機卿がルイ十四世に推薦していたコルベールが財務監察官に任命された。王は、フーケの財政状態の調査を秘密裏にコルベールに任せた。

フーケは恐慌状態に陥った。裏で画策されていることに気付き、簗に捕われて大暴れする大魚のように失策を重ねた。追い込まれたフーケの目からは、ルイ十四世はいつまでも、若くてとるに足りない、自分の楽しみにかまけてばかりいる王にすぎなかった。一見そう見えたのだ。だが外見はあてにならない。シャルル＝オーギュスト・ド・ラファールが回想録で書いた通り、「だれでも新しく政務につくときは期待を膨らませているものだ。よしんばそれが饗宴、賭け事、際限ない散策のためだけにせよ。若い国王はふさわしい愛人を選び、自由と王権を享受し始めた」[*4]

ルイーズ・ド・ラ・ヴァリエールを寵愛し、マザランの庇護から解き放たれたルイ十四世は思うがままに親政をしくつもりだった。フーケはそれに気付くのが遅すぎた。

だからフーケは一六六一年八月、国王と宮廷をヴォー＝ル＝ヴィコントに招いて、一か八かの勝負に賭けたのだ。

ヴァテルは不安を募らせていた。不可能を可能にせよとフーケに求められたのだから。

八月十七日夕刻、ルイ十四世と宮廷がヴォーに到着した。ショワジーの司教によれば、数千人が姿を見せた。妻を伴ったフーケ自身が国王の前に進み出、城を案内して歓待した。

ヴァテルは舞台裏でせっせと働いていた。ルイ十四世は、フーケと並んで城の部屋を見て回った。二人の後ろで宮廷人の熱い歓声があがる。だれもが装飾の華麗さに見とれ、ルブランの手になる天井、壁装飾、金で縁どりされた布、皮、大理石をほれぼれと称賛した。至るところにフーケの紋章であるリス――「フーケ」はポワトゥー地方の方言で「リス」を意味した――があり、彼がこの城の主であることを思い起こさせた。

ルイ十四世は沈黙を守った。サン＝ジェルマン＝アン＝レーでもヴァンセンヌでもフォンテーヌブローでも、これほどの豪華さを味わったことはなかった。

ヴェルサイユにある父王の小さな城を改築しようとルイが思い立ったのはこの夜だったか。

それから小型の四輪馬車で庭園を散策した。小道の両側で数十の噴水が噴出する。熱い称賛は熱狂にかわった。だれともわからないがこう書き残している。「噴水、運河、花壇、滝、こちらには高木林、あちらには低木林、貴婦人がそぞろ歩く小道、そしてリボンと羽根飾りを付けた宮廷人たち。想像しうる限り最も麗しい光景だった」

続いて出された食事はヴァテルが整えたもので、この日の催しにふさわしかった。二十四台のバイオリンが八月の暑気を払う中、松明の薄明かりに照らされた金器や金めっきの器。料理の豊富さ、料理法の独創性と豊かさ、ワインとサーヴィスの質の良さ。贅沢に慣れ切った人々をも驚嘆させずにはおかなかった。

食事が終わると、劇場へ移ってモリエールの『うるさがた』を観劇し、その後花火が上げられた。最初の連発から王と宮廷人の称賛を呼び、庭園を明るく照らし出す。花火を用意した名高いジャコモ・トレッリは、他に類を見ないショー、妙なる光景を作り出した。ロケット花火が落下しながら、夏空に王家の紋章ユリの花を描き出したのだ。

午前三時ごろ帰途についたとき、ルイ十四世も宮廷人たちも興奮さめやらなかった。だれよりも王がそうだった。王を怒らせ《ファシェ》たのは『うるさがた《ファシュー》』ではなく、これでもかと誇示された贅沢だった。フランスで神に次ぐ唯一の主である国王が、一介の財務卿に及ばないとは。王の館がフーケの館との比較に耐えないとは。三十年戦争末期の出費に対処するため王が自らの食器を鋳造へ回さねばならなかったというのに、フーケが金器で王に食事を供するとは。

この晩、ヴァテルは務めを果たした充実感を、フーケは王を魅了したという期待を抱いて眠りについたに違いない。ルイ十四世の方はまんじりともしなかったことだろう。

王はこれほど侮辱を受けたと感じたことはなかった。ヴォーでのこの饗宴は、王の自尊心を傷つけ、フーケに対する憎しみは頂点に達した。

八月二十九日、国王はフォンテーヌブローを出てナントへ向かい、ブルターニュ地方三部会を主宰することになっていた。フーケもユーグ・ド・リオンヌとともに出立した。九月五日、国務会議を出たところで、フーケはダルタニャンによって逮捕された。

この知らせは青天の霹靂《へきれき》だった。

財務卿に対する不興は、その周囲の人々にも及んだ。フーケ夫人は蟄居《ちっきょ》、友人、部下の役人の財産は封印され、何人かは逮捕、投獄され、国務卿のプレシー＝ゲネゴーとアルノー・ド・ポンポーヌは訴追を受け、召使もまた逮捕された。まさに一斉検挙だった。

だが、ヴァテルは？　ヴォーかサン＝マンデにいた彼は、他の数人とともに逃れる時間があった。いったいどこへ？　謎である。

フーケの裁判は、一六六一年十一月十四日に始まった。一六六四年十二月二十日まで続くことになる。おざなりの裁判は混乱を極め、フーケが求めた詳細な調査も行われなかった。財務卿は公と私の金を混同したかどで告発されたが、裁判で彼の側近――ヴァテルもその一人だ――の証言はまったく行われなかった。

ヴァテルに逃亡の時間を与えたのは証言させないためだったのか。

一六六四年フーケは国外追放と財産没収を宣告されたが、ルイ十四世の特別令で、ピエモンテ州ピニュロールの要塞での終身刑に変更された。十六年後に世を去ったが、死の状況は一度も明らかにされていない。

ヴァテルは？

われらが司厨長は王国を去った。いつのことか。それはわからない。ただフーケ家の管財人グーヴィルの証言のおかげで、一六六三年にロンドンにいたことだけがわかっている。グーヴィルは自身も横領で告発され、イギリスに逃れた。残念ながらイギリスはフランス人を歓迎せず、亡命者たちは間もなく再び逃亡を余儀なくされる。ブリュッセルへ。

ヴァテルがフーケの刑のことを知ったのはおそらくブリュッセルだろう。自分を引き立ててくれた人物に対して悲しみを抱いたに違いないことは想像に難くない。

だがルイ十四世のフーケに対する態度からすれば、狼の口に自ら飛び込んで何になる。

投獄の際ヴァテルがいてくれることを求めたフーケだったが、彼が傍らにいなかったことを恨みはしないだろう。それを示唆する書き物もある。「各自が見極めればよい。良識ある人間がたとえ無実であろうとも、腑抜けの人々の意のまま人間性のままに扱われ、裁判官など何の力もない監獄で、憔悴していくあまたの人々と同じように、朽ち果て、一生を終えることになるのかを。請願を出すこともかなわず、正当な待遇を求めることも許されず、法に則った裁判が行われることもなく。まったくだれでも飛んで来たくなるというものだ。このような処遇を恐れて帰国を延ばすことをどうして間違いと言えるだろう」

フランスに帰国すると、ヴァテルは王弟の厩舎《きゅうしゃ》で会計係として再び働く場を見つける。フーケがピニュロールに幽閉されて以来、人心は平静さを取り戻し、ヴァテルはそれを利用して関係を築き直した。

こうして一六六七年、ヴァテルはコンデ公の書類に「総監督者」の肩書で現れる。コンデはフロンドの乱の首謀者の一人として大逆罪で告発され、恩赦を受けて戻ったばかりだった。

なぜコンデなのか。コンデは、ヴォーでヴァテルの才能を知る機会があり、またフーケともコンデとも結びつきのあったグーヴィルが間に立った可能性がある。

コンデ公の私邸には当時二五〇人近くの使用人がいた。ヴァテルは財務関係者、会計係、経理係、監督者のカテゴリーに入っている。彼はまだ司厨長だったのだろうか。おそらくそうだろう。いずれにせよこの職務で、ヴァテルはコンデ公のすべての所領にかかわるようになる。パリにある館、シャンティイの城、パリ南東部サン＝モール＝デ＝フォセの城。「監督者として、ヴァテルはさまざまな納入業者について市場と相場、納入見積書、支払命令書、領収書、支出目録、割り当てをチェックした。食物と食卓関係の一切に関してである。厩舎から布類のクリーニングまで[*5]」

それに加えて、特別な饗宴の企画も任されていたようだ。フーケの家ですでに果たしていた役目であり、異存のあろうはずもなかった。コンデが自分の下でもこの役割を果たすようヴァテルに求めたとしても何の不思議もない。

数年のうちに、グーヴィル――やはりコンデ公に仕えるようになっていた――は、公の破綻していた財政を立て直し、一方ヴァテルは素晴らしい才能で再び頭角を現してきた。間もなく、再びルイ十四世のお覚えめでたくなったシャンティイは、廃墟から甦り、最も輝かしい饗宴が催されるようになる。森での狩りも行われ、コンデ公の息子アンリ・ジュールも花を添えた。『回想録』で知られるサン＝シモン公爵ルイ・ド・ルヴロワ［一六七五〜一七五五］によれば、アンリ・ジュールは「想像しうるすべてのことで、人を驚かせ惹きつけるすべを心得ていた」[*6]

やがて一六七一年四月のあの日がやってくる。

国王の信頼を取り戻したコンデ公は――国王は公の軍事的才能を必要としていた――、大いに満足だった。ルイ十四世をはじめ多くの賓客が、すでにシャンティイを訪れて公の歓待を受けていた。だが今回は、ロクロア［一六四三年スペイン軍を破った］、ネルトリンゲン［一六四五年神聖ローマ帝国を破った］、ランス［オーストリア軍を破り、三十年戦争の勝利を決定づけた］――一六四八年のウェストファリア条約につながった――の英雄も有頂天だった。オランダとの戦争が控えているにもかかわらず、ルイ十四世はフランドル地方の視察巡回に発つ前に、コンデに栄誉を与えることにしたのだ。王は宮廷とともにコンデの元に三日間滞在することになった。

王の訪問の知らせにシャンティイは沸きかえった。いつものように、コンデ公の視線はヴァテルに向けられる。国王の威厳にふさわしいすべての敬意を表して迎えるようにと公はヴァテルに命じた。

重くのしかかる役目だった。四月二十三日木曜日から二十五日土曜日まで二〇〇〇人近くがシャンティイに滞在する。セヴィニエ夫人は書いている。「四万エキュかかると思われています。食事が四度、二十五のテーブルに五回のサーヴィスをするのです。その他の限りないことを勘定にいれなくても」[*7]

日にちがようやく決まり、ヴァテルはすべての準備に二週間しかなかった。試練というよりは賭けと言った方がいい。

すぐにシャンティイは熱気に包まれた。もちろん城だけではこれほど多くの宮廷人は滞在できない。付属の建物に居室を設え、近隣の村々の家や宿屋を借り上げなくてはならない。ヴァテルはグーヴィルの手を借りて事にあたった。人——料理人、見習いコック、召使——を雇い、大量の食材、家禽、豚肉、牛肉、羊肉、そして、王の訪問が禁肉日と重なっているため大量の魚も調達しなくてはならない。献立を練り上げ、食卓のプランを立て、どんな些細な不都合にも手を打っておき、みなの仕事を監督し、彼らに食事をとらせ、彼らの住まいと馬の飼料を用意し、招待客が泊まる場所までの四輪馬車とトランクの移動を手配し、楽師を見つけ……ヴァテルに課せられた責務は数限りなかった。

運命の日、四月二十三日がやってきたとき、ヴァテルは疲労の極にあった。おそらく四十五歳を過ぎ、すでに長年司厨長の職を務めてきた彼は、幾晩も寝ておらず、倒れる寸前だった。生まれて初めて恐怖を抱いていた。饗宴は完璧でなければならない。宴がルイ十四世との揺るぎない和解を結ぶにふさわしい輝きを帯びるよう、コンデが自分を当てにしているのがわかっていた。かててくわえて、何日も雨が降り止まなかった。彼の宴を失態に変えかねない雨。

幸い、雨はやみ、太陽が気前よく顔をだした。幸先はいいようだ。美食学の神々はヴァテルとともにいる。四月二十三日午後、国王と宮廷人の最初の四輪馬車を迎える準備は万端整った。

ヴァテルは奇跡を信じ始めていた。愛想のいい宮廷人につき従われ、ルイ十四世と王妃マリー・テレーズは上機嫌で、まず、コンデ公、アンギャン公、ロングヴィル公のお伴で庭園を一めぐりした。輝きを取り戻したシャンティイの壮麗さに、国王は満悦の風だった。十年前のヴォー＝ル＝ヴィコントのように、気分を損ね、侮辱されたと感じることはなかった。コンデはフーケではなく、王の一族だった。

スペの時間が来ると、くつろいだ客たちは城の芝生に設えられたテーブルを囲んで席についた。肉の豊富さ、料理の質の良さ、スイス衛兵によって行われたサーヴィスの完璧さは、国王とその一行を魅了した。セヴィニエ夫人は伝える。「すべて願ってもない上首尾でした。晩餐になりました。思い掛けない数客の御食事があったために、鳥の炙肉の足りない食卓がいくらか出来ました」[*8]（井上究一郎訳）

ローストが足りないとは。疲れ果てたヴァテルには不吉な予感がした。宴は大失態になるのだろうか。コンデはどう思うだろう。ヴァテルはグーヴィルに頭がふらふらすると訴えている。「面

目ない。どうしてもあわす顔がない」（前掲、井上究一郎訳）

二つ目の出来事。晩餐会を締めくくった花火は、大成功とは言えなかった。ヴァテルのせいでも、親方のせいでもない。月が少々明るすぎたせいだった。

神経の張り詰めている人間を恐怖に陥れるにはこれで充分だった。

翌日、眠れない夜を過ごしたヴァテルは厨房へ赴いた。朝の四時、周囲はみな眠っている。ヴァテルは不安を募らせていた。この日、四月二十四日は聖金曜日で精進日だったため、大量の魚とカキが必要だった。届けられるはずの鮮魚はどこだろう。来る途中で会ったのは、「たった一人出入りの小商人、見れば活け魚を二荷」（前掲）しか持っていない。だが、念のためにいくつかの漁港に声をかけておいたのだ。どうしたというのだろう。

ヴァテルは恐慌状態に陥った。そして待った。五時、六時、何も届かない。七時になると、ディネ用の魚は絶対間に合わないと絶望し、すっかりうろたえた。またしても最悪の事態、恥、完全な面目の失墜が頭をよぎった。

八時。まだ何も届かない。ヴァテルは今では落ち着き払い、絶望もしていなかった。心を決めていた。厨房から上り、まだ半ば眠りについている城を通りぬけ、自室へ向かった。

途中でグーヴィルに会ったようだ。グーヴィルは、恐れとか「恥辱」といったヴァテルの大仰な言葉を笑って取り合わなかっただろう。思い詰めた人間にはとどめの一撃となったかもしれない。

ヴァテルは自室に戻り、扉を閉め、剣の柄を扉で支えて、刃の上に倒れこむ。刃は心臓を貫いた。

ヴァテルの死をよそに、鮮魚は八時少し過ぎに届き、シャンティイの饗宴は最後まで続けられた。

コンデ公にヴァテルのことを知らせたのはグーヴィルだった。コンデ公もアンギャン公も号泣したという。それからグーヴィルが急きょヴァテルの代わりを務め、饗宴はそのまま何事もなく、ヴァテルの所在が気にかけられることもなく、続けられた。セヴィニエ夫人は言う。「一同は大変結構な午餐をいただき、間餐をとり、晩餐をなし、散策をし、遊戯をし、狩猟をいたしました。すべてが黄水仙の匂いにしっとりとつつまれ、すべてが恍惚としていました」（前掲）。そしてこの上なく美しい魚が、テーブルの上で、うろこ一枚一枚まで輝いていた。

その間にヴァテルの遺体は、シャンティイの隣の教区に運ばれた。ヴァテルの死は、大コンデ公の宴を彩ったバイオリンの調べ、麗しい侯爵夫人たちの笑い声、噴水にかき消され、気づかれずじまいだった。

出来事の唐突さと当時の無関心を見ると、一つの疑問がわく。どうして、こうした饗宴に慣れていたヴァテルのような人間が、これほど劇的なやり方で自らの生に終止符を打つほど恐慌状態に陥るに至ったのだろう。

説はいくつかある。ヴァテルに借金があったとして、経済状態から説明する向きもある。だが多くの財産を残していないとはいえ、死後の目録が示す限り、貧しいとか借金だらけという状態とはほど遠かった。

十九世紀になると恋愛のもつれという説も出た。宮廷の一女性に心を奪われたヴァテルは、告白したが拒絶されて恥をかき、不名誉をすすぐために死を選んだという。

いささか厳しい別の見方もある。ヴァテルは先見の明がなく、仕事の上で軽率でさえあり、自らの評判が落ちるのを知って、意気地なく自殺するしかなかったのだという。

だが事実の展開を見ると、現実はもっと単純ではっきりしているように思える。シャンティイの饗宴のとき、ヴァテルは疲れ果てていた。「王侯貴族」に仕えておそらく二十年になる。彼らのどんな些細な欲望、気まぐれをも満足させ、長時間の仕事、職務のありとあらゆる責任に耐えた二十年。沈黙、秘密、細かい経理、数字の操作の二十年。こうしたすべてが、見かけよりも繊細な気質の人間を疲労の極に追い込んだ。恋愛のもつれもあったのだろうか。引きとめるものが私生活になかったのだろうか。かもしれない。

義務感、ほとんど病的なまでの完璧主義、不名誉に対する恐れ、そして何よりも疲労を考えれば、別段長々しい心理分析をする必要もなく、この自暴自棄の行為に説明がつくだろう。著名レストラン業の厳しい仕事に就き、厳しい経営に縛られる者は、どれほどのストレス、不安、責任で運命を一変させてしまいかねないか。先頃の突然の死が惜しまれるベルナール・ロワゾーが残念ながらそれを示している。

ヴァテルの名声と時代を越えたその反響はどこから来ているのだろう。

彼の死の劇的な側面によるのだろうか。それとも、ヴォーとシャンティイの饗宴のためだろうか、あるいはフーケと大コンデ公に仕えたからか。

ヴァテルは一つのシンボルのように思える。偉大なる世紀の料理の豪華さのシンボル。ヴァテルが単に司厨長であって、料理人ではなかったからと言って、その才能、趣味の良さ、企画センス、料理を供し迎える相手への心配りの価値はいささかも下がりはしない。

一度も料理人になったことがなかったとしても――それもまだわからないが――、それでもその栄誉によって、ヴァテルは美食学の「名誉の戦場」に登場するにふさわしい。

第七章　刺激的な嗜好品——茶、コーヒー、それともチョコレート？

飲み物を勧めてでもいるのかとお思いだろうか。

あながち違ってはいない。今日全世界で知られ、日常生活の欠かせない一部をなすこの三つの飲み物をめぐっては多くの言葉が費やされ、「一杯のブラックコーヒー」派か、茶の愛飲家か、それともチョコレート・ファンかに基づいた心理学さえできそうだ。

茶は世界で一秒に約一万五〇〇〇杯飲まれている。

今日、茶は中国、インド、セイロンから到来するが、いつ、どこで誕生したかはわかっていない。それでもだれもが知る「銘醸《グラン・クリュ》」がいくつかある。正山小種《ラプサン・スーチョン》、オレンジ・ペコ、平水珠茶《ガンパウダー》、ダージリン、アール・グレイ。イギリス人はミルクを入れるが、よそでは茶だけで飲み、砂糖は入れたり入れなかったり、場所によって紅茶が好まれたり緑茶が好まれたりする。タレイランが極上のシャンパンについて蘊蓄《うんちく》を傾けたのと同じように、茶の愛飲家はとどまるところを知らず滔々《とうとう》と語るだろう。

これほどの飲み物が、平凡な歴史をもっているはずがない。

中国では、茶は中国の伝説上の皇帝の一人、神農が発見したと言われる。皇帝が一本の木の下に横になって眠っていると、召使が脇に置いておいた、熱い湯の入った湯呑みに数枚の葉が落ちた。皇帝は目を覚ますと、この偶然が生んだ煎じ茶を飲み、その玄妙な味わいを大層愛でて、宮廷でこれを飲むことを命じたという。

この伝説はインドでは受け入れられそうもない。茶の奇跡について、インドには独自の説がある。茶の発見は、インドの王子だったボーディダルマ（達磨）によるのだという。仏教の奥義を極めるため、ボーディダルマは願いが成就するまで眠らない誓いを立てた。木の下に座して何年も題目を唱えるうち、ついうとうとしてしまう。目を覚まして悔やんだ彼は、まぶたを切り落として地に投げ付けた。そこから根が生え、やがて最初の茶の木となったという。「目覚めを見出した者」というインド名はそこから付いた。

緑茶は中国で紀元前二五〇〇年頃には収穫され、特に薬用の飲み物として使われていたようだ。だが、茶について書かれたものは、紀元前八～七世紀にならないと出てこない。『詩経』［中国最古の詩集］と『爾雅《じが》』［中国最古の字書］だ。当時、茶を表すために使われていた漢字「荼《と》」は単に「苦い草［ニガナ］」を意味し、それ以外のことは伝えていない。「チャ」という発音が使われるようになったのは、漢王朝（紀元前二〇六～紀元後二二〇）になってからのことだ。

茶の木の原産国は今日まで謎である。中国人はあらゆる手を尽くして茶を守ろうとしてきた。ある時期まで、茶の製造に関してどんなわずかな情報でも「夷人《いじん》」――外国人を指す――に漏らした者に対して、皇帝令は死刑を警告していた。その上一層の混乱を招くよう、緑茶と紅茶は二つの違う木からとれるのだという誤った考えを流布させた。

茶は当初、塩を入れて煮立てた。その後、ごく細かい粉になるまで臼で挽き、熱い湯と混ぜて茶筅《ちゃせん》で泡立てるようになる。煎じ出す方法はヨーロッパでやかんとともに始まった。

茶もコーヒーも、眠気を覚まして、心身を活気づける効果があると言われる。中国の道家、当時の詩人もそう考えていた。陸羽《りくう》は不老不死性を与えるとさえ主張した。陸羽は茶に関する書物『茶経』を著し、用法を徹底的に体系化した。象徴的意味をもち、神々の飲み物として敬われ、儀式の対象だった茶は、すぐに成功をおさめる。八世紀には中国全土に広まり、特に雲南、四川、江西省といった、茶の生育に適した高温多湿の地域で栽培が始まった。

皇帝の宮廷は茶を愛でた。輸送しやすいよう煉瓦状に固めて届けさせ、飲むときに細かく砕いた。十一世紀、宋王朝の皇帝たちは最も玄妙な茶葉を愛蔵し、また茶摘みを年若い処女にさせるまでに洗練を極めた。茶摘み娘は手を七度洗い、絹の手袋をはめた後、金のはさみで茶の新芽を摘み取る許可を与えられた。

中国民衆もやはり茶に目がなかった。もちろん洗練度は遠く及ばないとはいえ。十三世紀に中国を訪れたマルコ・ポーロは、娼婦の司るいかがわしい場所で中国人が茶を飲むのを見て驚いている。もっとも、われらがヴェネツィア人旅人は、葉から作られた、「女と年寄り」に飲ませておけばいい飲み物よりも、フビライ・ハーンの宮殿の壁を覆っていた金の葉の方にずっと興味をそそられたことを隠さない。

九世紀には茶の評判は海を越えていた。最澄によって中国からすでに日本に持ち込まれている。最澄は坂本の霊峰比叡山のふもとに種を播《ま》いた。すぐに人気が高まる。精神を高める飲み物とされた茶は、華道、香道とともに崇拝の対象となり、生活の作法となった。

茶道は今日でもなお、日本文化で重要な位置を占める。茶の湯の決まり事は十五世紀から細かく定められ、丁寧に守られてきた。茶を飲むことは洗練された重要な儀式となった。

残念ながら西洋が茶を見出すのはもっと後になる。

「チャと呼ばれる、甘美な味の」香草のことを耳にして、中国人に尋ねようとした宣教師たちはいた。だが、オランダ人がジャワ島でセージと交換した、最初の茶の塊がヨーロッパに持ち帰られたのは、十七世紀の初めになってからだ。

当時茶は、ほぼ薬用としてだけ飲まれたようだ。マザランは痛風を治すため、ルイ十四世は気分の悪さやめまいを防ぐために飲み、セヴィニエ夫人は「万病」を治すと考えた。われらが書簡作家と同意見のタラントの王女は万能薬と信じて、日に十二杯飲んでいた。ルイ十四世の王弟妃、パラチナ侯女オルレアン公夫人シャルロット・エリザベート・ド・ラ・バヴィエールの方は、単に「膀胱を空にする」にはいいものと見なしていた。生粋のドイツ人らしく、茶よりも、浴びるほど飲んでいたビールとザワークラウトを好んだ。

イギリスとオランダではすぐに人気を博した茶だが、この時期にはフランスを席巻するには至らなかった。十八世紀になって初めて、イギリスかぶれの流行から飲む人が増えたが、ブリア＝サヴァランが皮肉った通り、「由緒正しいフランス人」はあまり好まなかった。

十九世紀まではほぼ貴族のサロンに限られていた。その後、マルセル・プルーストと、かの有名なマドレーヌによる流行のおかげか、ブルジョワの一部も征服した。

コーヒーを愛したバルザックは、茶には手厳しい。『近代興奮剤考』で、茶は女のかわいげを失わせると断じている。「女性が紅茶を飲むようなところでは、愛は根っから萎れてしまう。そんな女性は蒼白く病弱で、お喋りで退屈で説教好きだから」[*1]（山田登世子訳）

『人間喜劇』の作家はこれだけでは終わらない。イギリスで起きた本当の話だと言って、ある実験の話をする。科学的な実験として三人の死刑囚に、茶、コーヒー、チョコレートだけを飲ませ、この三つの飲み物が人体に与える影響を調べようとしたというのだ。チョコレートを飲まされた一人目の囚人は、八カ月後に虫と壊疽《えそ》だらけで体が腐って死んだ。コーヒーを飲んだ二人目の囚人は、二年後に世を去った。その体は内側から、ソドムとゴモラを焼き尽くした火にも等しい火で焼かれていた、とバルザックは語る。確かにバルザックにはよくわかっていた。胃をかっと熱くし、心臓を早鐘のように打たせ、アイラウの闘いでロシア軍に押し寄せたナポレオンの大軍さながら、頭の中で思考を動き出させるこのコーヒーのことを作家は繰り返し語っているではないか。

では三人目は？　茶しか飲まないことを強いられたその苦しみは、三年の長きにわたったとバルザックは語る。その間、囚人は骸骨《がいこつ》のようにやせ細り、皮膚があまりに透き通ったため、なんとその体の向こうに明かりをおいて、『タイムズ』が何なく読めたという。

だから未だにフランス人は、英仏海峡の対岸で一年に一人当たり二〇〇〇杯の茶が飲まれているのに対して、一〇〇杯ほども少ないのだろうか。

初めコーヒーを愛飲したイギリスは、すぐさま茶に魅せられた。一五九九年エリザベス一世の下で設立され、比類ない権限（貨幣鋳造、武装部隊維持、宣戦布告、領土獲得、同盟締結、さらに密輸懲罰）をもった東インド会社のおかげで、イギリスは茶の市場でオランダに取って代わった。それればかりか、日本が西洋に対して鎖国をすると、イギリスは中国との茶貿易を一人占めする形で、中国と合意を結ぶことに成功した。

この独占はなんと一八三四年まで続く。

合意が揺らいだことはある。イギリス人が中国人をだまして安物と引き換えに上質の茶を手に入れようとしたため、皇帝はこのインチキ取り引きに強く反対した。何たることか。イギリスは悪魔のような戦術を編み出した。インドの植民地でかなりのケシを栽培していたイギリスは、中国にアヘンを浴びせかけた。「夷人」の毒に対する輸入禁止もイギリスとの戦争も功を奏さなかった。密輸が皇帝勅令をすりぬけ、中国は譲歩を余儀なくされる。関税協定を五パーセントに抑え、香港をイギリスに割譲し、茶の貿易に十六の港を開港した。

中国で一八五〇年に二〇〇〇万人だったアヘン常習者は、一八七八年には一億二〇〇〇万人にも上ったと推定される。

ロンドン市民は、自分たちがお気に入りの飲み物を心置きなく飲むために、海の向こうでどのような事態が展開しているか、知っていたのだろうか。

イギリス人が最初に茶と出会ったのは、一軒の「コーヒーハウス」だった。所有者トマス・ギャラウェイは、客を惹きつけるには薬効を謳《うた》うしかなかった。ギャラウェイによればこの飲み物は、健康に良いことでずっと知られてきたという。宣伝広告の文章を読んでみれば納得がいくだろう。「非常な高齢になるまで、完璧な健康を維持します。頭痛を治し、石や痛風に大変効き目があります。息苦しさを取り除き、疲労を和らげ、気分を爽快にし、弱い胃を丈夫にします。悪い夢を見なくなり、頭の働きがよくなり、記憶力が増進します」。何にでも効く万能薬というわけだ。

クロムウェルが課した茶税も、イギリス人に消費を思いとどまらせることはなかった。

十八世紀初め、ようやく本物の「ティーハウス」がオープンする。ロンドンのストランド街にあった最初のティーハウスの所有者、トマス・トワイニングは妙案を思いついた。それまで「コーヒーハウス」から締め出されていた女性たちを迎えようというのだ。そのときは、この発想がどれほど商売に恩恵を与えるか思ってもみなかった。

茶はイギリス人の最も愛飲する飲み物になった。以来、一日のうちいつでも、ありとあらゆる口実で飲む。茶貿易の独占を獲得していたロンドンの船主たちにとっては僥倖《ぎょうこう》、王国の国庫にとっては大きな収入源となった。

このため一七六七年に、ジョージ三世がアメリカ植民地への輸出に税を課そうとしたとき、いっせいに反発が起きた。怒りに燃えたアメリカ人は茶をボイコットした。販売は七十パーセン

ト も落ち、東インド会社の凋落《ちょうらく》に拍車をかけた。それだけでは済まなかった。一七七三年十二月十六日、東インド会社の船が三隻、先住民に売るための茶を積んでボストンに入港したとき、先住民に変装した二〇〇人のアメリカ人が船に乗り込み、船倉に積まれていた三四二箱の茶を海に投げ込んだ。

この有名な「ボストン茶会事件」は、知っての通りの結末に至る。アメリカ人植民者の反乱は、合衆国の独立に至るプロセスの始まりだった。

独立を獲得すると、アメリカ人は茶を求めて自らアジアへ乗り出すようになった。一九世紀後半、ニューヨークとサンフランシスコの船主が建造した、有名なクリッパー［快速の大型帆船］によって、それまで数カ月かかっていたニューヨーク‐広東間が七十四日に短縮され、茶の取り引きは劇的な変化を遂《と》げる。

以来、海上ではスピード競争が過熱し、アリエル号、テピン号、テルモピレー号の船長が毎年、記録に挑んだ。最速を誇った一隻がカティーサーク号だ。福州の港を出て、ロンドンまでの二万七〇〇〇キロの間に汽船を追い越した。技術が進歩し、また一八六九年に開通したスエズ運河を大型帆船が通行できなくなると、こうした偉業は終わりを告げた。

そもそも状況が根本的に変わっていた。茶を輸出しているのは中国だけではなくなった。東インド会社のロバート・フォーチュンという人物が、僧に変装して上海に現れ、茶の製造技術をすべて身に付けた後、数千本の茶の木を首尾よくアッサムへ送り出していた。

中国がほとんど日本とロシア向けにしか輸出しなくなったのに対し、インドは世界最大の茶生産国となる。イギリスは一八八七年から、植民地からの輸入で王国の需要をまかなえるようになった。もう中国に依存しなくなったわけだ。

ロシアもまた茶を大量に消費した。ロシア人は十七世紀、モンゴルを介して茶と出会い、りんごやレモンの葉を入れて飲んでいた。高価な砂糖はめったに入れずに、サモワールの上に一かけら下げておく習慣があった。このやかんは大半の家庭にあり、十九世紀の旅人が驚きとともに描き出している。

時とともに茶は歓迎の意のシンボルになっていく。特にアラブ人はミントで香り付けし、砂糖を入れて非常に甘くした緑茶で客を迎える習慣を、今でも持ち続けている。トゥアレグ人［ベルベル系遊牧民］の家では三杯の茶を供し、最後のだけをミントで香り付けする。チベット人は、ヤクの皮に入れて保存した饐《す》えた匂いのするバターを入れた塩味の茶を好む。旅行家アレクサンドラ・ダヴィッド＝ネール［一八六八～一九六九］は、二十世紀初頭、チベットをたびたび訪れたとき、このきわめて特異な味を発見している。

玄妙な中国人は、ジャスミン、バラ、ランで香り付けした。

十九世紀の初め、イギリス首相チャールズ・グレイ卿は、イギリスにベルガモット風味の紅茶の流行を取り入れた。これが「アール・グレイ」の呼称で有名になる。

イギリス人は文字通り「紅茶に夢中」になった。十九世紀末、ヴィクトリア女王は遅い夕食をとる習慣があり、ベッドフォード公爵夫人は、昼食と夕食の間に簡単な軽食を挟むことを思いついた。「五時の紅茶」の誕生だ。

またたく間に、これは一つの宗教になった。だれもかれも「五時」を刻もうとした、この儀式のために間もなく工場は操業が止まり、従業員は仕事を離れ、兵士は戦わなくなったほどだ。ボーア戦争のとき南アフリカ北東部トランスヴァール州の平原で、あるいは一九一四年～一八年の塹壕《ざんごう》で、お茶の時間は厳密に守られたと言われている。

茶は音楽と同様、風紀を緩めないなどと、いったいだれが言ったのか。

今日、茶はイギリス人の専売特許ではなくなった。至るところで栽培されている。南米（アルゼンチン、ブラジル、エクアドル、ペルー）、ブラックアフリカ（ケニア、ルワンダ、カメルーン、モザンビーク、エチオピア）、グルジア、トルコ、イラン、インドネシア、ベトナム……。ブルターニュ地方やコルシカ島、パリでさえ、たびたび茶を順応させようとした。だがこうした試みは実を結んでいない。順応性の高い植物とはいえ、茶の栽培に必要な気候はフランスの緯度では無理である。

コーヒーは茶と比べると、一層激しい興奮剤として通っている。黒さによるのだろうか。紋切り型の考えだ。茶の葉に含まれるアルカロイド、テインは、カフェインと変わらない。

タレイランは慎重というか、むしろ曖昧と言うべきか。彼によればコーヒーは、「悪魔のように黒く、地獄のように熱く、天使のように清らかで、だが愛のように甘い」。

コーヒーがもつとされていない効能や悪があるだろうか。

三〇〇〇年前、ホメロスはすでに、エジプトから来た薬物について語っている。オデュッセウスが消息不明になった後、盟友たちの悲しみをヘレネが慰めた薬[*2]。それはコーヒーだったのだろうか。


ここでも原産地は茶と同様、不確かだ。

一つの伝説によれば、コーヒーの木は九世紀にイエメンの高原で発見されたという。発見したのは、カルディという名の牧童。カルディは、自分の山羊がしばらく前から眠らないのに気づいていた。山羊たちがある常緑樹の実をかじっているのを見つけた彼は、自分も食べてみた。すぐに大変興奮し、陽気で饒舌《じょうぜつ》になり、この見知らぬ木の実をほめちぎった。その後、一人の聖職者がこの実を押しつぶして炒って挽き、飲み物を作って、長い祈りの夜、修道者の目を覚ましておくことを思いついた。

イエメンではこれは「カワ」と呼ばれていた。力、勢い、バイタリティーという意味だ。この発見を誇りに思うあまり、この奇跡の飲み物が二世紀前、預言者ムハンマドその人を癒《い》やしたと言い張ったほどだ。コーヒーのおかげで再び立ち上がった預言者は、四十人の騎士を落馬させ、四十人の女性に敬意を表したという。

確かなのは、イエメン人がコーヒーの独占をできる限り長く維持しようとしたことだ。十八世紀初頭、イエメンでのコーヒー栽培面積は五万ヘクタールに上っていたと見積もられている。その間、コーヒーはイスラーム世界全体に広がっていた。

八世紀にスーフィー神秘主義者によって建設された、紅海の小港モカが特に繁栄に浴した。この港からは何世紀にもわたって内陸から来た貴重なコーヒーが積み出された。当初は、アラブ・イスラーム世界の全大都市へ、やがては喜望峰を回ってヨーロッパへ向けて。

中国人が長きにわたって茶の秘密を守ろうとしたように、イエメン人も、発芽する状態のコーヒーの実は、熱湯を通してからでなければ、一粒もモカの地を出ないようにしていたと言われている。自らの発見に執着していた彼らは、コーヒーを典型的に東洋的生活術に属するものととらえ、西洋人が関心を示すことはないと考えていたようだ。

カフェ（コーヒー）は、すぐにコーヒーを飲む場所を指すようにもなり、ムスリムの社会的関係に決定的に重要な役割を果たした。メッカでもダマスカスでもバグダードでも、カイロでもイスタンブールでも、ビジネスや政治談議をし、さいころ勝負に興じ、あるいは正統派の聖職者の意向に必ずしもそぐわない自由な論調で宗教を語る重要な場所だった。オスマントルコ帝国では、何人ものカフェ所有者が代償を命で支払った。朝まだき、革袋に詰められて、ボスフォラス海峡の波間に漂っているところを発見されたのだ。

イエメンも他のイスラーム世界諸国も、いつまでも秘密を守っておくことはできなかった。十六世紀末、あらゆる効能があると言われたこのユニークな植物の話を、植物学者と旅人が聞き付けた。
一六一六年、こうしてオランダ人――いつだって彼らだ――が、一本のコーヒーの木をアムステルダムに持ち帰った。四十年後、セイロンでコーヒーが栽培されるようになっていた。十七世紀末にはジャワ島への植え付けに成功した。

　またしてもフランスはオランダにかなりの後れをとった。とはいえ、コーヒーはルイ十四世の宮廷にすでに姿を見せている。一六六九年、トルコ大使ソリマン・アガは、貴族の一部にそれまで知らなかった味を味わわせ、魅了した。シャーベット、ターキッシュディライト［レモン、蜂蜜、小麦粉などで作る砂糖菓子］、そしてコーヒー。コーヒーはすぐ流行したが、嫌う向きも多々あった。モリエールは馬鹿にし、ルイ十四世はチョコレートの方が好きだった。パラチナ侯女は、いつもの通り歯に衣着せず、不倶戴天《ふぐたいてん》の敵の一人だったパリの大司教の口臭に似ていると言った。サン＝シモン公爵はさらに手厳しく、自分から見れば「最下層民にでも飲ませればよい泥にすぎない」とまで言っている。

　それでも、茶への熱狂に先立って、コーヒーがフランス、次いでイギリス、さらにはヨーロッパ全土を席巻するのを妨げるものは何もなかった。間もなくフランスの貴族もイギリスのジェントリ層もコーヒーなしでは夜も日も明けなくなり、ビジネスも流行の「コーヒーハウス」で行われるようになった。はるか遠いインド植民地から来る商品を確実に届けることで財をなした人物もいた。エドワード・ロイドだ。

　一六八三年トルコ軍がポーランド国王ヤン・ソビエスキによってウィーンを追われて敗走した

際、ポーランド人斥候《せっこう》兵が貴重な実のストックを引き取ったのも、コーヒーのおかげか、天才的着想だった。彼は「青い瓶《ブラウエン・フラッシェ》」という名のカフェを開く。コーヒーに添えて出される粉菓子は、なかなか心憎い形だった。三日月形のクロワッサンである［三日月はイスラーム教徒、特にオスマントルコの旗印］。

空前のブームになったコーヒーは、気候条件さえ適していれば至るところで栽培が始まった。オランダはインドネシア植民地に、イギリスとフランスはアフリカとカリブ海に。

アンティル諸島や、特にブラジルで、地元の労働力が不足し、コーヒー栽培は今日憤りの的である一つの現象を生んだ。アフリカ大陸から、何十万人もの男性女性、子どもまでも連れてきて、広大なプランテーションの悲惨な条件の下で強制労働を強いた。彼らはムチで脅され、足枷《あしかせ》をはめられ、奴隷に貶《おとし》められて、ヨーロッパ人の無上の喜びとなる、あの黒い黄金の液体を作るために土地を開墾し、木を植え、収穫した。

この恥ずべき貿易の時代に、みなが目をくらまされていたわけではない。十八世紀の作家ベルナルダン・ド・サン＝ピエールは言う。「私はコーヒーと砂糖がヨーロッパの幸福にとって不可欠なものかどうかは知らないが、この二つの植物が、世界の二大州を不幸にしたことはよく知っている。まず、二つの植物を植え付けるための土地を得ようとしてアメリカ大陸の森林が伐採された。そして今、この植物を栽培するための民族を得ようとしてアフリカの人口が減らされつつある。……あなた方の快楽に供されているものは、この人々の涙に濡れ血に染まっているのですよ」*3（小井戸光彦訳）

だがコーヒーをエキゾチックな飲み物、利益の源としか見ない輩《やから》が気になどしただろうか。

この事業には一人のフランス人も決定的に重要な役割を果たしていた。ディエップのガブリエル・ド・クリユー船長である。

実はフランスは、アムステルダム市長から一七一四年に贈られた植物園のコーヒーの木を、二度にわたってアンティル諸島に移植しようとしたのだが、うまくいかなかった。

ガブリエル・ド・クリユーはもう一度試みようと、植物園から挿し木を手に入れ、この貴重な「積み荷」とともにアンティル諸島に向けて出航した。

積み荷、あるいは重荷というべきか。航海は苦難の連続だった。海賊に襲われた上、激しい嵐に襲われたかと思えば憂鬱な凪《なぎ》。クリユーは最期のときがやってきたと覚悟した。彼も乗組員も陸地にたどり着く前に渇きで死ぬところだった。貴重な挿し木もろとも……。

だが神々は彼らの船ドロマデール［ヒトコブラクダ］号を見捨て給わなかった。

ようやくマルチニーク島にたどり着いたクリユーは、プレシュールの所有地に挿し木を植え、手間と愛情で包み、奇跡を待った。

そして奇跡は起こった。すべてに耐えて生き延びた挿し木から、アンティル諸島のコーヒープランテーションのほとんどが誕生した。一七二七年にマルチニークとグアドループを襲った地震、嵐、津波も、ガブリエル・ド・クリユーの成果を台無しにするどころか、かえって追い風となった。カカオの木が破壊され、代わりにコーヒーを植える機会となったのだ。五十年後、一九〇〇万本のコーヒーの木がマルチニークの太陽の下で花開いた。

この成功で王国海軍でのクリユーのキャリアに弾みがつき、他にもこの事業に身を投じようという人間が出てきた。間もなくコーヒーの木は、ジャマイカ、ブラジル、キューバ、フィリピン、グアテマラ、ベネズエラ、メキシコ、アフリカ、インド、トンキンにまで広がった。茶とまったく同様に、コーヒーも世界を征服しつつあった。

コーヒーはプランテーションで世界を席巻しただけでなく、カフェが開いた街をも席巻した。カフェでは、お気に入りの悪徳に心おきなく耽ることができた。

イスタンブール、ヴェネツィア、ウィーンの後、一六七二年パリで最初にコーヒーを出したカフェは、サンジェルマンの大市でパスカルという名のアルメニア人が開いていたものだ。だが一六八六年、イタリア人プロコピオ・ディ・コルテッリが、後に有名になるカフェを開店した。プロコープ。このカフェは今でも、パリ六区ランシエンヌ・コメディー通りにある。

プロコープは、すぐに流行のカフェになった。一文無しでパリにやってきたコルテッリは広い視野で物事を見ていた。装飾——クリスタルガラス、鏡、大理石の輝き——についても、サーヴィスについても。プロコープにはあらゆる種類の飲み物、甘い物が揃っていた。茶、コーヒー、チョコレート、ベルガモット水、イポクラス、オレンジのラタフィア［果実などを蒸留酒に浸して作るリキュール］、ユイル・ド・ヴェニュス［ブランデーにシナモン、レモンなどで香り付けしたリキュール］だけでなく、バラのリキュール、砂糖漬けフルーツ、オレンジの花のリキュール、アーモンドシロップのゼリー、そしてさまざまなアイスクリームとシャーベットも忘れてはならない。さらにストーブの煙突にはその日のニュースが貼られ、客はみなそれを見ては一家言を披露した。

初め、役者や劇作家が通っていたプロコープは十八世紀には、文学者のまたとないたまり場となった。十八世紀の偉大な文筆家の大半の顔が見える。ヴォルテール、ディドロ、ルソー、マルモンテル、ボーマルシェ、さらには、アカデミー・フランセーズ入りを切望した二流劇作家フレロンまで。

このフレロンに仕返しをしようと、ヴォルテールがテーブルの隅で有名な四行詩《カトラン》をものしたのがプロコープだったという。

——過日、小渓谷の奥深くで
一匹の蛇がジャン・フレロンに嚙みついた
どうなったと思います?
くたばったのは蛇の方だった。

ヴォルテールは間違いなく辛辣な人物だが、この怒りの暴発はコーヒーの飲み過ぎによるのではないかと勘繰りたくなる。

革命でもカフェは店じまいしなかった。それどころか国民公会の大物がこぞって列をなしてやってきている。ダントン、マラー、カミーユ・デムーラン、そして非常に内気だったというマクシミリアン・ド・ロベスピエールさえも。

言うまでもなく、パリのカフェはプロコープだけではない。同時代――「国民の剃刀［断頭台］」の時代だ――、二〇〇〇近いカフェがあり、プロコープと並んで最も評判だったのが、カフェ・ド・ラ・レジャンス、カフェ・ド・ヴァロワ、カフェ・ド・フォワ、そしてパレ・ロワイヤルのすべての政治的カフェ。それぞれに自慢があり、何よりもそれぞれの顧客がいた。アジテーター、ジャーナリスト、情報提供者、王党派、穏健共和派、極右、同性愛者、娼婦が時に顔を合わせ、集まった。コーヒーを何杯も飲み、明晰な頭で、あるいはモンテスキューが危惧したように「熱を帯びた脳みそ」で思想を煽り、陰謀を画策し、共和制を再建し、あるいはブルボン王家の帰還を切望した。

こうした扇動に終止符を打ったのはナポレオンだったが、カフェを閉めることによってではなく、スパイを潜り込ませることによってだった。

すでに胃潰瘍を患っていたにもかかわらず、ナポレオン自身もこの「悪魔のように黒く、地獄のように熱い」飲み物を非常に愛飲した。

彼はこう言っている。「濃いコーヒーは私を甦らせる。きりきりと焼けつくような特別な痛み、快感の混じった苦しみをもたらす。苦しまないよりも苦しむ方がいいのだ」

幸い十九世紀には、カップと甘味を囲んで世界を作り直す、カフェの伝統が定着した。バルザックはカフェに真の「人民の議会」を見ていた。

パリのグラン・ブールヴァールでは、インスピレーションを求める作家や芸術家によく出会ったものだ。シェ・トルトーニやカフェ・ド・パリ、もう少し時代が下ると、クーポール、ドーム、ロトンド。

バルザックは、コーヒーを最も大量に飲んだ十九世紀作家の一人として名を馳せている。一日なんと五十杯。「われわれを内部から焼く物質」[*4]と呼んでいる。夜通し執筆できるような奇跡の飲み物を絶えず求めていたバルザックは常にコーヒーの新種を買い、しまいには、明け方から精神を覚醒させるといわれた一種のトルココーヒー、といっても実際はペースト状のコーヒーを飲み下していた。「空っぽの胃袋にくだんのコーヒーが落ちてゆく。……と、一切が動き出す。ナポレオン大軍団の大隊さながらに、観念が行動を起こし、戦闘開始だ。記憶が軍旗を振りかざしていっせいに駆けつける。次から次へ警句が狙撃兵のようにやってきて……。原稿用紙はインクで覆われてゆく」[*5]。時には一晩でなんと二十ページも筆が進んだ。

この入れ込みようの裏には警戒心もあり、特にすきっ腹には「毒」だと言っている。「牛乳を入れて飲んだり、鶏肉や白身の肉といった食餌療法に従ったりするのが順当だろう。緊張の糸を緩めて、のんびりした生活に戻り、ぶらぶらと隠居暮らしのブルジョワになったつもりで、埒もない隠花植物式の生活を送るがよろしい」[*6]

ほどほどに飲むかどうかはともかく、コーヒーは今日私たちの日常生活の一部をなしている。

アラビカでもロブスタでもモカでも、あるいはケニア産、メキシコ産、エチオピア産でも、コーヒーはその効能と魅惑の力を保っている。

逆説的だが、最大の生産国は最大の消費国ではない。世界で最もコーヒーを多飲するのはフィンランド人で年に一人当たり十一キロ半、他のスカンジナビア諸国がすぐ後に続く。コーヒーは今日、石油に次いで世界で最も貿易量の多い一次産品である。とはいえ、黒い黄金とは違って、危機のときにはなくても我慢できる。石油市況が高騰すると、コーヒー市況は暴落する。一九二九年の恐慌はそれを如実に示し、過剰生産のため、ブラジルは機関車のボイラーでコーヒーを燃やすことを余儀なくされた。だがアフリカでの干ばつであれ、中米のサイクロンであれ、何か原因があればロンドン市場の価格ははね上がる。

この上なく力強いコーヒーだが、見かけより脆弱なのだ。

カルディは何を思うだろう。自らの発見に陶然となったイエメンの高原の牧童は。今日彼の国には一粒のコーヒー豆も生えていない。彼の遠い子孫が一日中嚙んでいるカート茶は、コーヒーに取って代わる優位を獲得しはしなかった。イエメンは、人がおそらく手元に置きたいと思うあまりに愛する女性を失うように、その宝を失った。今日「黒い黄金」は他の場所で炎を上げている。

スピリチュアルな茶、興奮をかき立てるコーヒー。では苦いカカオはといえば、とっつきにくいどころか、歴史家・社会学者ジャン＝ポール・アロンの言葉を借りれば、「すべての誘惑、虚飾、魅力、贅沢と自由奔放さの特徴を集めている」

ああ！

紀元前二〇〇〇年紀、カカオを最初に味わったのはおそらくオルメカ人だった。実を挽いて香草とスパイスで調味し、熱い飲み物にした。昔々、メキシコで植物の成長を司る神ケツァルコアトルが銀色がかった灰色の幹の木を庭に植え、その実から不思議な飲み物が作られたとする話もある。

ほぼ間違いないのは、カカオ栽培が中米全体に広がり、オルメカ人からマヤ人とアステカ人に伝わったということだ。

カカオから作った飲み物にはアメリカ先住民の言葉で「チョコラトル」、すなわち「熱い水」という名が付けられていた。沸騰した湯で作ったからだ。マヤ人から受け継いだアステカ人は、これにトウガラシ、竜涎香《りゅうぜんこう》、麝香《じゃこう》を加えた。貧しい者は、金持ちの飲む甘くて美味な「クアショ」より苦いカカオで我慢した。皇帝モクテスマはこれに目がなく、その媚薬としての効能のため日に何杯も飲んでいた。

カカオの実は非常に貴重なものであり、あらゆる取り引きで貨幣として使われていた。スペイン人征服者《コンキスタドール》エルナン・コルテスは、メキシコに着いたとき非常に驚いている。黄金を探しに行ったのに白い実が差し出されたのだ。初めは訳がわからなかったが、苦い味のするこの小さな粒と引き換えに何が手に入れられるのかをすぐに理解した。同行の一人が書いている。「十個の実で兎一匹、一〇〇個なら奴隷一人、春をひさぐ女のいる一画で女体で欲望を満たしたければ、一回に八個から十個を渡す」

しばしの快楽に、兎一匹と同じ値段。コンキスタドールが思いのままにふるまった訳もわかろうというものだ。

チョコレートは征服者たちを征服した。スペイン人は、メキシコとサンドマングのプランテーションから来る砂糖や蜂蜜を入れて甘くする習慣をつけ、日常的に飲むようになった。バニラとシナモンも加えた。

ヴェラクルスからの最初の積み荷は、一五八五年にスペインに到着した。荷は非常な高値で売れた。スペイン領アメリカ全土と同様に、イベリア半島でもチョコレートの時代が幕を開けた。神学者の警戒心を呼び起こしたほどだ。これほど暗い色をした飲み物、媚薬として知られ、修道院で長い断食の期間、あるいは四旬節の小斎の間、体力を維持する飲み物は、本質的に悪魔的な性質をもったのだろう。

それでも教会は慎重を期して譲歩し、激しい非難を控えた。貴族の間でチョコレート熱があまりに高く、信者たちが悪徳を満たすためにミサをすっぽかす気になりかねなかった。褐色の小さな実を愛する内気な恋人にとって幸運なことに、フェリペ二世はチョコレートをスペイン宮廷に導入することを決め、お墨付きを与えた。

スペインでもてはやされたカカオだったが、スペイン人もイエメン人がコーヒーを秘しておこうとしたのと同様に独占を図り、ピレネー山脈を越えるのに時間がかかった。とはいえやはりコーヒー同様、チョコレートも抑え込んでおくことはできなかった。

幸い、チョコレートはだれもかれもを魅了したわけではない。カカオの積み荷を運ぶ船を臨検したオランダ私掠船員は、この実を嫌って海に投げ捨てた。「羊の糞《ふん》」と呼んで。

フランスではチョコレートの人気は、ルイ十三世の妃となったスペイン王女アンヌ・ドートリッシュ、そして特に、ルイ十四世の妃となったもう一人のスペイン王女マリー・テレーズとともにやってきた。マリー・テレーズはチョコレートを――時には具合が悪くなるほど――飲み、宮廷でカカオの広告塔となった。

チョコレートがイギリスに到達したのは、中国からの茶、イエメンからのコーヒーと同時期だった。「神のフランス」は流行の新しい飲み物に熱狂した。当初、ルイ十四世はもったいをつけていたが、間もなくスペイン人を相手の土俵で打ち負かすべく自ら乗り出すことにした。王はアンティル諸島にカカオの木を植えさせ、仲買人としてダヴィッド・シャイユー卿に「王国の全都市でチョコレートという名の混合物を、飲み物であれキャンディーであれ、思い通りの形で製造、販売、小売する」二十三年間の排他的特権を与えた。

こうして一六七一年、シャイユーはパリに最初のチョコレート店を開く。「フランス・チョコレート」の流行の波が起きた。われもわれもと押し寄せ、軽食にチョコレートを供する習慣ができた。ルイ十四世自身も、マントノン夫人に説き伏せられて、誘惑に屈した。

茶やコーヒーと同様、チョコレートも議論の的だった。薬なのか毒なのか。摂りすぎだけが非難されるべきなのか、それとも、魂を腐敗させ、理性の手に負えない感覚を呼び覚ます、危険なものなのか。

セヴィニエ夫人は決めかねていたようだ。治療の効能は認めていた。「一昨日、ディネの消化を良くしてスペを楽しめるよう、チョコレートを飲みました。昨日は夜まで断食するための栄養源として飲みました。これがいいところです。目的に応じて役に立つのです」。一方で警戒心も膨んでいた。「チョコレートが前とは別物に思えるようになりました。やはり流行にはかないません。チョコレートの長所を話してくれた人がこぞって、欠点を挙げるのです。チョコレートを忌み嫌い、あらゆる病気をそのせいにして非難します。頭がぼうっとしたり動悸がするのもチョコレートのせい。一時は気分をよくさせても、その後、突然、熱が続いて体がほてり、死に至らせる、と[*7]」

チョコレートの飲み過ぎか、セヴィニエ夫人の辛辣な筆は走る。「チョコレートをたくさん飲んでいたコエトロゴン侯爵夫人は、昨年妊娠して、悪魔のように黒い男の赤ちゃんを産みました[*8]」。侯爵夫人の寝室にチョコレートを運んでいた召使がアンティル諸島出身だったことを思い出させる、巧妙かつ陰険なやり方だ。

ロンドンが最初のチョコレートキャンディーを製造するようになったのは一六七四年だった。カカオ愛好家の目には大層興味深い新機軸であり、あらゆる可能な方法、想像しうる限りの方法で、手が加えられた。イタリア人はジャスミンで香り付けし、ドイツ人はなんとワインに溶かした。アステカ人はトウガラシを、スペイン人は砂糖を入れたが、カフェ経営者ピエール・マッソンは熱いミルクと混ぜた。

チョコレート新時代の幕開けだった。一七八〇年、最大の輸出国であり続けていたスペインが最初の工場の操業を開始し、ドイツとスイスも続く。十九世紀初め、オランダ人コンラート・バンホーテンが、油圧プレスを使ってカカオの実を砕き、溶けやすい細かい粉にすることを思いついた。ココアパウダーの誕生だ。後にフランス人ピエール＝フランソワ・ラルデが、あの「バナニア」ココアパウダーで財を築くことになる。

十九世紀末にはスイスがバトンを受け継ぎ、一方、カカオ生産の独占ではブラックアフリカが南米に取って代わるようになった。レマン湖東岸のヴェヴェーの工場ではダニエル・ペーターが、同国人アンリ・ネスレによる粉ミルクの考案のおかげで、ミルク入りの固形チョコレートを作り、こうして一八七五年、初めての板ミルクチョコレートが作られた。もう一人のスイス人ロドルフ・リンツは、コンチング技術を開発した。今日私たちが口にしている板チョコのなめらかさと輝きを出すものだ。

ブラックチョコ、ミルクチョコ、ココアパウダー、キャンディー、板チョコ、今やあらゆる好み、あらゆる財布に向けたチョコレートが揃った。十九世紀末、ヴィクトル＝オーギュスト・プーランとジャン＝アントワーヌ・ムニエは、カカオの木の植え付けから流通販売まで全段階を自企業に統合し、チョコレート製造をさらに合理化した。二人のおかげで、チョコレートはもっとも質素な家庭にも届くようになった。イギリス人とアメリカ人が倣《なら》い、特にフォレスト・マーズは一九二五年、かの有名なマーズ・バーを作り出した。

チョコレートは必然的に多様化し、限りなくあらゆる形に変わっていく。今ではドライフルーツ（あるいはアーモンド、ヘーゼルナッツ）入りチョコレート、プラリネ、リキュール入り、ココアパウダー、チョコペースト、ボンボン、キャンディー、さらに、アイスクリームやシャーベット、最高の料理人の料理や、エステティックサロンでさえ使われる。

八個から十個あれば兎一匹や娼婦が買えた、あの小さな白い実がこれほどの成功を収めるとは、モクテスマも夢にも思わなかったことだろう。

茶、コーヒー、チョコレートは食習慣に入り、今日では薬効や媚薬としての効能、また健康への悪影響に対する関心はずいぶん減った。もちろん摂りすぎを除けばの話で、タレイランも「過ぎたるは及ばざるがごとし」と美食学の最良の法則、節度を示している。

だが疲れたときや気分を良くしたいとき、中国の発酵茶やエチオピアのモカ、熱いチョコレートの誘惑につい負けてしまうことがないとは「信じられない《フォール・ド・カフェ》」。「自分に嘘をつく《フェール・ショコラ》」ことはない。

きっと読者もどれかを愛飲しておられることだろうから、必ず耳にするこの心地よい質問にまだお答えになることと思う。

——おかわりはいかがですか。

第八章　シャンパンの魅惑の物語

シャンパン！　その言葉は、騎兵隊の突撃さながらに、あるいは反乱の早鐘の鳴るごとく、そしてもちろん祝宴の幕開けを告げるように、くっきりと高らかに響く。

何かを祝うとき、客に敬意を表するとき、あるいはただ単に友達同士で集まるとき、シャンパンは必ずテーブルの上にあり、あらゆるパーティーに欠かせない。タレイランの至言の通り、シャンパンは「文明のワイン」なのだ。

ある種のフランスのイメージ、シンボルとさえ言えるところがあるかもしれない。ヴォルテールは哲学詩『この世の人』で、適切な賞賛を送っている。

——クローリス、アイグレーは手ずから注ぐ
アイのワインを。封じ込められたその泡は
はじける力で、瓶から
稲妻のごとく栓を飛ばす
栓は飛び、笑い声が響き、天井にあたる。
涼やかなワインのはじける泡に
われらフランス人のきらめく似姿

スタンダールの『リュシアン・ルーヴェン』で、シャンパンは主人公の性格に陽気さ、奔放さ、

さらに「遠まわしにあえて意中の婦人に甘い言葉をささやく」[*1]（島田尚一他訳）大胆さをも与えた。

バルザックの『あら皮』でもシャンパンは人を刺激する力をもっている。「宿駅から出発する駅伝馬車の馬のように興奮した男たちは、待ちかねたすえにたっぷり注がれたシャンペンの火花に刺激されると、だれも聞いていない空疎な考えのなかに精神を駆けめぐらせ、聞き手のいない話をかたりはじめ、だれも答えてくれない呼びかけを百回もくりかえすのだった」[*2]（小倉孝誠訳）

今日私たちのテーブルに君臨するシャンパンは長い歴史の産物だ。

その始まりはいつだろう。

マルセイユのギリシャ人植民者によってガリア南部に葡萄栽培が導入されたのは、紀元前六世紀のことだった。だがブルゴーニュとモーゼルの葡萄畑が現れるのは、ようやく三世紀になってからである。シャンパーニュ地方の葡萄畑はさらに次の世紀まで待たねばならない。葡萄の木がフランスの土を踏んでから、ランスとエピネー周辺に姿を現すまで、一〇〇〇年近くが流れたことになる。

伝統としては、シャンパンを歴史に登場させたのは、ランスの司教聖レミということになっている。クロヴィスがキリスト教に改宗したとき、司教が祝福されたワインの小樽を王に差し出したというのだ。フェルナン・ウターズは一瞬たりとも疑っていない。「シャンパンの歴史の真の出発点、まさにその日は、中世の出発点でもあった。四九六年。この年、シャンパーニュ地方はフランスの揺りかごとなり、ランスは戴冠式の町となった。……もしクロヴィスが洗礼を受けたのがオルレアンだったら、おそらくシャンパンはなく、ワイン酢がたくさんあったことだろう。十字架上で死に瀕したキリストが、兵士の差し出す、酸い葡萄酒を含ませた海綿を拒んだことを思えば、考えられない*3」

ほぼ確実と見られるのは、八〇〇年頃にはシャンパーニュ地方に葡萄畑が確立していたということだ。この頃から、ワインは貴族や聖職者、大修道院長にとって特権と収入の源となった。ランスの司教はエペルネとオーヴィレールの葡萄畑の所有者となった。

ミサ用ワインの需要増もこの展開と無関係ではない。ランス、オーヴィレール、シャロンのサン＝レミ、サン＝ピエール僧院や、ヴェルジーのサン＝バール僧院、あるいはサン＝ティエリ僧院では、自家消費用に――儀式用あるいは飲用に――葡萄栽培を行い、また訪問者に旅の疲れをいやす「一杯のワイン」もふるまっていた。

十二世紀、シトー会修道会の復興もまた、シャンパーニュ地方での葡萄の普及を後押しした。ランス、エペルネ、シャロン、サント＝ムヌー、ヴィトリ＝ル＝フランソワ周辺で、精力的に土地が開拓され、葡萄が植えられた。

「言うまでもなく地理的境界が今日ほど明確ではなかったため、当時『フランスワイン』と名付けられていたものの中に、現在のオーブ県にあたる一帯や、またラニーやノジャン＝シュル＝マルヌのように今日パリ地域の一部をなす非常の多くの村々や、セーヌ川の上流の谷の村々で作られたものも含めることができた」[*4]

九世紀半ばの文書、『Polyptique de l'Abbaye de Saint-Rémi（サン＝レミ僧院記録簿）』は僧院の財産、農奴、収入の目録だが、この中に料理人とともにワイン農家の名が記載されているところからその重要性がわかる。僧院は、自家製造のものや地代として受け取ったものを合わせて、年に四〇〇〇ヘクトリットルのワインを記録していた。また葡萄の収穫とワインの運搬のために労働賦役も使うことができた。

十二世紀末には、シャンパーニュ地方は確固としたワイン醸造地帯になっていたようだ。シャンパーニュ地方の葡萄園はマルヌ川、オーブ川、セーヌ川の近くに位置していたため、ワインはルーアンやパリ、あるいは海を通じてフランドル地方、オランダ、イギリス、ポルトガル、スペインまで、簡単に買い手を見つけることができた。

船で運ばれないものは、ローマ古道を通って北と東に向かうか、あるいは南に向かってトロワ、バール＝シュル＝オーブの大市や、ラニー、プロヴァンの大市に向かう新道を通った。シャロンとランスは当時、シャンパーニュ地方産ワインの二大取り引き地だった。一四一二年のシャルル六世の特許状によると、ランスでの取り引きは大部分が「町の周辺で葡萄栽培が行われ、町に運ばれて届くワイン」だったことがわかる。一四四八年、シャルル七世の命令書には、「葡萄園地帯に位置する」シャロンの住民は、「ワインを作り……ピカルディー地方、ポーランドのホイヌフ（ハイナウ）、フランドル地方、リエージュの商人に売るのが習慣になっている」と書かれている。

シャンパーニュ地方のワインの評判はまだそれほど高くはなかったものの、すでにフランス国王がその味を楽しむようになっていた。ボーヌのワインと競い合ってさえいた。一三二八年、フィリップ六世の戴冠式では、ランスの住民だけで「ボーヌ産とサン＝プルサン産、ランス産のワインを三〇〇樽、楽々と飲んだ。またシャルル六世と、酩酊王と言われたボヘミア王・ドイツ王で神聖ローマ帝国皇帝ヴェンツェルがランスで会見を行ったとき、酩酊したヴェンツェルは、シャンパーニュ地方のワインを静かに飲ませてくれるなら、フランス国王の申し入れを何でも聞きいれたと言われる。

残念ながら百年戦争では略奪、殺人、強奪が吹き荒れ、シャンパーニュ地方もそのワインも嵐を免れることはできなかった。

その上、軍事支出に伴って増える財政負担がのしかかった。塩税に加えて、かなりのエード（間接税）がワインを襲った。

それでも百年戦争は悪いことばかりではなかったようだ。命運尽きかけた封建制度は締め付けが緩み、農奴の解放、爵位の授与が相次ぎ、農奴制は姿を消した。教会は信者が行う遺贈によって葡萄園の面積を拡大し、一方、貧しくなった貴族は所領を平民に売却することを余儀なくされ、大領地の分割が次第に進んでいった。

百年戦争に続く平穏の時代は短かった。ルイ十二世とフランソワ一世の治世下、フランスはまたもや戦争に突入したが、この時の軍事作戦はシャンパーニュ地方にはほとんど及んでいない。

それに引き換え、一五六二年からの宗教戦争は災厄をもたらした。ランスは旧教同盟の勢力圏の一つだったが、ルター派の思想がシャンパーニュ地方に浸透し、信仰を揺るがしていたからだ。

一五九二年、ユグノー派のアンリ四世がエペルネを包囲した。またしてもこの地は困窮と暴力に見舞われた。オーブの主任司祭クロード・アトンは記している。「村の貧しい人々は男も女も、心身、魂、財産、家畜にまで信じ難い苦しみを被った。それも同国人の手によってである」。ランスの大工の親方で葡萄園の所有者だったジャン・ピュソも書く。「ワインの収穫と運搬のためにシャロンの連中との間でほんの一時期休戦をする以外は、厄介事が続いている」。さらに続けて「近頃は別の悩みが大きい。オオカミが人間よりものさばり、畑でも葡萄園でも村でも、何人もの人が飛びかかられて食われた」

それでも葡萄園は、戦争で終わらなかった。製造と販売が続けられ、遠隔地でも取り引きが行われた。幸い一五九八年、ヴェルヴァン和平条約のおかげでシャンパーニュ地方に平穏と繁栄が戻る。シャンパーニュ地方産ワインの評判は高まりつつあったが、相変わらず製造元の名で呼ばれていた。マルヌ川流域産ワイン、ランスのワインという風に。「シャンパーニュ地方のワイン」という表現が使われ始めるには、一六〇〇年を待たねばならない。一五八六年に出版され広く読まれた、ランスの医師シャルル・エチエンヌ（ジャン・リエボー編集）の『L'agriculture et maison rustique（農業と田舎家）』に出てくるのは、アイ村のワインだけだ。「アイ村のワインはアルコール分が弱く……、比べ物にならないほど体にいい」。さらに「アイのワインは、色が薄く淡黄褐色で、微妙で繊細で、舌に大変心地よい味をしている。このために、国王、王族、大貴族の口に合う」

同じ筆者によれば、アイのワインはすでにパリで高く評価されていたという。一六〇一年、王家の侍医ニコラ・アブラム・ド・ラ・フランボワジエールがこの評判を裏付けている。「ある年はブルゴーニュのワインが最も高い評価を受ける。ある年はオルレアンのワイン。アンジューのワインが他のすべてより優れている年はない。そしてアイのワインは美味しさでも完成度でも最も頻繁に第一位を占める」[*5]

この良いイメージは以後ずっと幅を利かせる。十七世紀の自由思想家サン＝テヴルモンは、王の不興をかって自領に隠棲したドロンヌ伯爵にこう助言した。「できる限り、味も健康にも良いものを召し上がることです。シャンパーニュ地方のワインを手に入れるためなら、いかなる出費も惜しんではなりません。パリから二〇〇里離れておいでになろうとも。私の好みをお尋ねとあれば、うわべの繊細さに惑わされる味覚の流行に流されることなく、アイのワインこそ最も自然、健全であり、郷土のいかなる香りからも純化され、独特の桃の風味は得も言われず、私の見るところ、すべての中で最良の味と申し上げましょう。ローマ教皇レオ十世、カール五世、フランソワ一世、ヘンリー八世みな、競って良いワインを揃えておくためにアイかアイ近郊にメゾンをもっておりました。貴人の相争った世の重大問題の中で、アイのワインを手に入れることは、最も関心の低い事柄とはいえなかったのです[*6]」

一六三〇年から、三十年戦争とロレーヌ公の策謀がまたもや動乱の種を播く。スペインはフランス北部でわが物顔にふるまい、シャンパーニュ地方の平原は軍事作戦の舞台となった。激しい戦闘はなかったが、略奪と暴行があった。

一六四八年から一六五七年にかけてのフロンドの乱の時期は悲惨だった。オランダのスペイン人が反乱側と手を組んでフランス王権と対立したため、コンデ公は即座にエルラック男爵とその部隊を派遣した。だが、基本的にポーランド人、スウェーデン人、ドイツ人の傭兵からなっていたこの部隊は、シャンパーニュ地方の住民に恐ろしい記憶を残した。二年にわたって、犯罪、冒瀆、強姦、略奪、盗みが町でも村でも猛威をふるった。

エルラックの部隊に続いて一六五一年、「石炭殻《マシュフェール》」とも呼ばれたウダールなる人物の率いる傭兵がやってきた。その後、一六五二年四月にロレーヌ公の傭兵。最後にコンデ公とチュレンヌの部隊。この部隊もそれまでの部隊に劣らず容赦なく、ワイン蔵を空にし、酩酊し、略奪を行った。こう書かれているものがある。「群れの番をさせるために王が送りこんできたのは、犬ではなく狼だった」

一六五九年、ピレネー和平条約がようやく心待ちにされていた平穏をもたらした。

それでもシャンパーニュ地方の葡萄はこの三十年の戦争と略奪から無傷ではいられなかった。一部の商人だけが軍にたっぷり飲ませて値を釣り上げ、窮地を切り抜けた。

ルイ十四世の治世末期は、シャンパーニュ地方の住人にとって、特にワイン農家にとって厳しい時期だった。増税、かさむ生活費、兵隊を滞在させる義務が厳しさに拍車をかけた。モラリストのラ・ブリュイエールは書いている。「葡萄作りや兵士や石きり職人の身分を思うと、私は王侯や宰相の運を恵まれないからといって、自分を不幸だなどと思うことはできない」[7]（関根秀雄訳）ラ・ブリュイエールの言葉とは裏腹に、ワイン農家よりさらに恵まれない人々もいた。

唯一の慰めは、シャンパーニュ地方のワインの質がこの世紀の終わりにめきめきと向上したことである。当時は、赤ワインも白ワインも「マルヌ川流域産ワイン」の呼称で呼ばれていた。産地で呼ばれていたのはアイ村のワインのみ。白葡萄の品種としてはモリヨン・ブラン、グエ、メリエ、アルバンヌがあり、黒葡萄としてはモリヨン・ノワール、モリヨン・タコネ、グエ・ノワールがあった。フロマントーという中間品種からは、白と赤の中間のワインが作られた。

最も高く評価されていたのは間違いなくアイ村のワインだった。ルイ十四世が侍医ファゴンの勧めで、シャンパーニュのワインからブルゴーニュのワインに乗り換えるには、ヴェルサイユの王のテーブルに第一級のブルゴーニュが届かねばならなかった。

この争いに嫌気がさしたシャンパーニュ地方の住人は、白い果肉の黒葡萄からもっと上質の「ヴァン・グリ」［色の淡いロゼワイン］を製造しようという気になった。「ヴァン・グリ」は空前絶後の大成功を収める。フランスの他の地域——特にボルドー——でも試みられたほどだが、たいしたものはできなかった。

そして間もなくもう一つの現象がシャンパンにその独創性をもたらすことになる。この現象が最初に成功を収めたのは、なんとイギリスだった。

英仏海峡の対岸のわが隣人は、フランスから輸入されたワインを受け取ると、砂糖や糖蜜、そのほかの香料を加える習慣があった。当初は、輸送の間に被った劣化を埋め合わせるためだったようだ。医師のクリストファー・メレットによる一六六二年の記録によれば、後にロンドンの商人が、糖分の添加でワインが活性化し発泡性を持つことに気づいた。

ジョージ・イサレッジ卿の戯曲『The Man of Mode（伊達男）』は、「気の毒な倦怠期の恋人たちをすぐさま生き生きと陽気にし心弾ませ、一切の悲哀を消し去る、この発泡性シャンパーニュワイン」に賞賛を送っている。

ワインの瓶詰で発泡はさらに進んだ――当時イギリスのガラス産業はフランスよりはるかに優れていた。「黒ガラス」――実際は濃い緑――で作られたこうした瓶はかなり分厚く、圧力に耐えた。瓶を開けると、発酵で生じていた炭酸ガスが解放されて白く美しい泡が生じ、ワインは舌に心地よい発泡性をもつ。

だがこれは本当にシャンパンだったのだろうか。

糖分を加えて再発酵させただけではシャンパンとは言えないと、入門書を書いたクリスチアン・ペッシーが言っているのは正しい。「何よりも、バランスと複雑さの微妙な調合（アッサンブラージュ）を成功させることである。そこから生まれるのは、気泡を生じさせて事足れりというような飲み物でなく、舌に触れるや軽やかで爽やかで、口の奥には豊かさと響きが思い出のように長く残るものである」。それから正真正銘の愛国主義を交えて付け加える。「シャンパン、それはまねようもなくフランス的である」

十八世紀初め、ある人物――フランス人――が調合法を巧みに操り、「発泡」シャンパンは今日私たちの知るシャンパンになった。その名はドン・ペリニョンである。

一六三八年――ルイ十四世の生まれた年――にサント＝ムヌーで生まれた彼の名前は、今日でもだれもが認めるシンボルであり続けている。イエズス会で優秀な学業を積んだ後、ベネディクト会で修道士の道に入った。三十歳のとき、シャンパーニュ地方で最も名高い葡萄園――ダムリー、キュミエール、アイ、ディジー――に近い、オーヴィレールのサン＝ピエール修道院で糧食係を任される。葡萄栽培に取り囲まれた環境で、すぐに修道院のワイン製造に関心を持つようになった。

ワインが修道院の貴重な収入源の一つだったからというだけではなく、何よりも、ワイン醸造学に夢中になったからだ。

ワイン醸造学について多読し、多くを学び、考えた。この知識を有効に活用したのは当然だろう。あまりにしばしば言われるような「シャンパンの発明者」ではないにせよ、ペリニョンが近代的なワイン葡萄栽培の基礎の一部を築いたことには異論がない。葡萄の木の厳密な選別、最良の収穫法、熟し足りなかったり熟しすぎたりした実を圧搾機に入れないこと。とりわけ、異なる品種、異なる葡萄園の葡萄を調合する技術を使って、はるかに質の高いワインを作れることに気づいた。「また澱《おり》引き、ワインを澄ませる（発酵から生じる粒子が浮いているのを除去する）微妙な作業を巧みに行うようになった」*8ため、ふつうは数カ月経つと酸敗してしまうワインを数年も安定させることができた。

シャンパンが発泡性ワインとして本当に飛躍を遂げたのは、十八世紀初頭のことだった。とはいえこの流行は万人向けの味覚ではなかった。「古典的」なシャンパーニュワインの愛飲家サン＝テヴルモンはさんざんこきおろしている。ランスの司教座参事会員ジャン・ゴディノ（一六六一〜一七四九）も葡萄栽培に関する著作の中でサン＝テヴルモンに同調する。「二十年間、フランス人はまさに発泡ワイン一辺倒、大変な熱狂ぶりだった。目が覚めたのはようやくここ七、八年のことだ。この種のワインの本質について、見方はまったく分かれている。これほど強く気泡が生じるのは添加した薬の作用だと考える人もいれば、発泡ワインの大半がきわめて若いことから気泡は酸味から生じると考える人もいる。瓶詰の時期に応じて気泡が生じるのだから月のせいだという人もいる」。そしてぴしりと付け加える。「熱狂ぶりを目にして、気泡を大量に生じさせんがために、みょうばんや酒精（エタノール）、ハトの糞、その他さまざまな薬を加える商人がいるのも事実である」

違法な慣行は今日に始まったわけではないのだ。

ゴディノが「フランス人の味覚」と言ったのは多少言い過ぎかもしれない。シャンパンはまだ貴人のテーブルにしか姿を見せていなかったからだ。パレ・ロワイヤルのサロンでの艶っぽい親密な夜食会《スペ》の達人、摂政オルレアン公フィリップは六、七本空ける夜もあった。乱交パーティーの男友達、女友達、すなわち公の「放蕩仲間《ルエ》」も公をまねて一歩も譲らなかった。摂政の母で「時代の不幸」を嘆いて書簡を埋め尽くしたパラチナ侯女オルレアン公夫人は言う。「女性は男性よりも飲み」、摂政の娘ベリー公爵夫人の埋葬の日も、「何事もなかったようにシャンパンを浴びるほど飲んだ」女性がいた。[*9] サン＝クルーではタンサン夫人も羽目を外した酩酊夜会を催した。この件にかけては詳しいリシュリュー元帥[*10]は書いている。「シャンパーニュワインでみなが忘我の状態になると、やおら乱痴気騒ぎが始まる」

シャンパンの前途は洋々だった。未だすべてのテーブルには登場していなくとも、すでに国境は越えていた。イギリスへ、そしてルイ十四世の孫、ブルボン家のフェリペ五世が治めるスペインへ。

シャンパン人気は、これを良く思わない人々の目にはほとんど耐えがたいまでになった。特にブルゴーニュ地方の住人は、彼らの目から見ればボーヌの銘醸ワインの足元にも及ばないこの発泡ワインのために、王者の座を追われるなどまっぴら御免だった。シャンパンとブルゴーニュワインの効能をめぐる論争が、ランスの医学部とボーヌの医学部の間で持ち上がった。論争はなんと一二〇年も続く。

幸い、シャンパンは論争の元になるより、気のきいた言葉のきっかけになる方が多かった。一七一六年、摂政の下に設けられた財務評議会。遅刻して来たルイエ＝デュ＝クドレーをノアイユ公がひやかした。

――シャンパンに引きとめられておいでだったか。

クドレーも負けてはいない。

――確かにシャンパーニュワインをいささかたしなみはいたしますが、ワイン壺《ポ・ド・ヴァン》ではいただきません［『Journal de régence』紙。「ポ・ド・ヴァン」は「袖の下」を意味する。この時期財政立て直し政策の実質的立案者だったクドレーには賄賂をはねつけた別の逸話も残っている］。

ダンジョー侯爵フィリップ・ド・クルシヨンは有名な日記で、一七一七年、ロシアのピョートル大帝が訪仏したときのことを書いている。「翌日、大帝はフォンテーヌブローに滞在し、ワインのあまりの美味しさに酩酊した。……テーブルを離れて寝室に戻ると、シャンパーニュワインをさらに四本持って来させ、床につく前に副侍従長と大使のクラキン公とともに飲んだ」

それでプロイセンのフリードリヒ・ヴィルヘルム一世がこう振り返ったのだろうか。

――かのピョートル大帝。訪仏土産はと言えば……ブランデーで酩酊するかわりに、シャンパーニュワインで酩酊する習慣だった。

シャンパンは才気を与えるか。シャンパン派はそう信じて譲らない。

ルイ十五世とポンパドゥール夫人はシャンパンに目がなく、二人に倣ってか十八世紀全体もそうだった。ヨーロッパ各国の宮廷もそれに倣った。新しい味に魅せられた多くの貴族も同様だった。だがある同時代人が残した言葉には、シャンパンの貴重さ、そしてそれに伴う高価さが疑問の余地なく捉えられている。

——妙なる白ワイン
グラスに注げば泡が生じ、きらめく
限りある命の者の口に入ることはめったにない
神々のテーブルにしか供されない
あるいは貴人のテーブルにと言うべきか
彼らは地上の神々なのだから

老舗のメゾンはこの時期に生まれている。一七二九年リュイナール、一七四三年モエ、一七七二年クリコ、一七七六年ロデレール、一七八五年エドシック。

革命も狂気の最中にも、このワインの勝利の行進を妨げはしなかった。神々の飲む不老不死の酒ネクタル、「ワインの王様」と見る者もいれば、軽蔑を込めて、その泡のように軽く、空気のようで、取るに足りないと見る者もいた。

ロベスピエールの首がサムソンのかごに転がり込むと、活気が戻ってきた。総裁政府のフランスは動乱後の安逸を願い、シャンパンはディネ、夜会、そして戦場でも飲まれた。

革命暦第二年の恐怖政治の後、まさにそれが求められたのだ。首から上を切り落とすのではなく、くらくらさせる軽いワイン。

以来シャンパン人気は衰えを知らない。ナポレオンは日常的にはシャンベルタンやボルドーワインを好み、そもそも数分とテーブルにつかなかったが、シャンパンで調理した美味しい鶏のフリカッセを前にすれば口うるさくもったいをつけたりしなかった。

特に女性がシャンパンを愛飲するようになっていく。田舎風のディネが流行し、グリモ・ド・ラ・レニエールは言っている。「一般にこのワインの給仕はアンフィトリオン［主人役］の代わりに、それを高いところから注ぎながら泡だたせるのを好むような、ご婦人の一人にサーヴィスしてもらうのが好まれるようである」[*11]（伊藤文訳）

外国でもフランスに劣らず評価されたシャンパンは、昨日の、あるいは明日の敵同士の中を取り持つという贅沢も味わった。革命暦十二年ジェルミナル（第七月）六日、シャロンのワイン仲買人でシャンパンの小製造業者ピエール・ファイイは記す。「現在、大量の発泡ワインの発送をしている。送り先は、ドイツ、スウェーデン、デンマーク、ロシアその他、北部のすべての国」。イギリスでは、封鎖にもかかわらず、シャンパンは密輸で届き続けていた。正規であれ非正規であれ、流れが止まることはなかった。

一八一四年、同盟軍がシャンパーニュ地方に侵攻したとき、残念ながらシャンパンは人間の狂気も殺戮も強姦も略奪も止めることはなかった。ランス、シャロン、アルシー＝シュル＝オーブ周辺で激しい戦いが行われた。三月、ロシア軍が「満タンの樽」を抱えてランスに立てこもる。ナポレオンの方は、クリコ夫人の兄弟ジャン＝バティスト・ポンサルダンの元に滞在し、次いでエペルネ市長ジャン＝レミ・モエの元に滞在した。

占領は悲惨だった。エペルネはロシアとプロイセンに侵略された。プロイセン軍はロシア軍と同様にふるまい、ワイン蔵を空にした。奇妙なことだが、シャンパン製造者は動転している風ではなかった。

ジャン＝レミ・モエはこんなあっぱれな言葉まで残している。

――略奪を笑顔で迎えよう。私のワインを飲んだ連中がみな揃ってセールスマンとなり、遠い祖国に帰って私のメゾンの宣伝をしてくれることだろう。

モエは間違っていなかった。一八一四年十一月から一八一五年六月まで開かれたウィーン会議で、各国代表団――ヨーロッパエリート層の花形――は、シャンパンを飲みながらヨーロッパの地図を書き換えた。「会議は踊る、されど進まず」とド・リーニュ公は言った。ロシア、オーストリア、イギリス、ポーランド、ラインラント、バイエルン、オランダ、スウェーデン、ピエモンテ、デンマーク、ノルウェー人が、タレイランの言う「文明のワイン」をともに味わった。

一八一五年、ナポレオンがエルバ島から帰還してフォンテーヌブローで最終的に退位するまでの百日天下の間に、シャンパーニュ地方は二度目の占領を経験する。一度目の占領のときと同様、ワイン蔵は略奪を受けた。悪夢が再び始まり、今度は住民も怒った。流行歌がこの「やりきれなさ」を伝えている。

――モスクワから来た酒飲みども
いつになったら出ていくのか
まだここのワインを
飲み尽くそうというのか
ここに残っているのは
そのためだけじゃないのか
だが気を悪くしないでもらいたいが
出て行ってくれたらゆっくり飲める

置き土産に軍事力の誇示が計画された。ロシア皇帝アレクサンドルはフランスを去る前、同盟国側の君主を招いて軍の大パレードを行うことをルイ十八世にもちかけた。目的は、アレクサンドルの意に反するフランス分割を画策しないよう、味方側であるオーストリア、プロイセンなどの同盟国を牽制することだった。

パレードは数日にわたってシャンパーニュ地方境で行われた。シャンパーニュ地方も一役買わされる羽目になった。ロシア軍がエメ山のふもとのヴェルテュ平原に二十万人を配置したからだ。人、物資、そしてシャンパンが徴用された。会食者三〇〇人を迎えたとはいえ、ロシア皇帝のテーブルだけで、一日なんと二〇〇〇本近くも飲んだのだ。皇帝の料理長も務めたかの有名なカレームにとって片時も頭を離れない難題だった。
復古王政、七月王政、第二帝政も「文明のワイン」の成功を保証し続けた。一八一八年、フランスの領土の解放を祝ったのも、一八三〇年、ブルボン家最後の王シャルル十世を倒した七月革命に喝采を送ったのも、シャンパンだった。また、その後継者ルイ・フィリップを迎えたのも、一八四八年、二月革命と第二共和政の誕生に熱狂したのも、また一八五一年十二月二日、ナポレオン三世によるクーデターを祝福したのも、シャンパンだった。シャンパンの歴史は、次第にフランスの歴史と渾然一体になっていった。

平和が戻ると商業活動に弾みがつく。ディネ、公式のスペ、祝宴で、シャンパンは当然のごとくその地位を取り戻した。レストランでもテーブルに出されるようになる。またさまざまなスープ、「トルテュ［海亀］のパリ風」あるいは「セーヌの川魚フランス風」などにも使われ、調理には上等のシャンパーニュワインが少なくとも半本分入れられた。

シャンパンはまた、逢瀬のワインでもあった。小さな私室で、趣向を凝らしたパーティーで、会食者の目に陽気さと輝きを与えた。女優、踊り子、高級娼婦、娼婦、ドゥミ・モンドの女（高級娼婦）、作家、芸術家、旅の楽師、だれもかれも飲みに飲み、シャンパーニュ地方のネクタルの酔いに身を任せた。オペラ座の「練習生（ラ）」の中にはあまりに飲むので「ワイン蔵の『ねずみ（ラ）』」と呼ばれる者もいた。

これほどの誘惑の力にどうすれば抗えるだろう。第二帝政期は無軌道と安逸、自由なしきたりの時代だった。ブルジョワと金の世界が支配したが、オッフェンバックの軽い音楽に酔いしれた社会の一部は一種の抗いがたい欲望に呑みこまれていた。アンリ・ミュルジェールの『Scènes de la vie de bohème（ボヘミアン生活の情景）』で、郵便局長との結婚をついに決意したミュゼットはこう宣言した。

——局長さま、最終的なご返事を差し上げる前に、シャンパンをいただきとうございます。

ガヴァルニ、ドーミエといった風刺画家は、波乱に富んだパリの生活を描くとき、シャンパンの瓶とフリュート［背の高いシャンパングラス］を登場させないわけにはいかなかった。

技術の進歩もまたシャンパンの製造と取り引きに貢献した。一八二五年、最初の瓶詰機。一八二七年、最初の栓詰機。一八四四年、瓶洗浄機。一八七〇年、栓に針金をかける機械。そして何より、一八四九年からシャンパーニュ地方を首都と結びつけた鉄道。

美食学と美食にとりつかれたこの十九世紀におけるシャンパンの爆発的な成功を見るにはいくつかの数字を挙げればいい。革命前夜、数千だった製造本数は、一八四五年に六五〇万本、一八六一年に一一〇〇万本、そして一八七〇年には一七〇〇万本になった。世紀の終わりには、三〇〇〇万本に迫っていた。

もはや単なる成功というより、津波だった。シャンパンは今や生活術と密接に結びつき、この生活術は少しずつ世界に広がっていった。

一八七〇年の戦争もこの現象にほとんど歯止めをかけることはなく、一九〇〇年代に入ると弾みがついた。だが、一九一四年～一八年の大動乱の前、幸福感が広がったこの時期に、シャンパンを脅かす恐ろしい害悪があたりをうかがっていた。

その名はフィロクセラ（ネアブラムシ）。

この昆虫は黄色い小さなアブラムシで、裸眼ではほとんど見えない。葡萄の木の根に寄生して、しまいには枯死させてしまう。

アメリカからイギリスへ葡萄の木とともに持ち込まれ、一八六〇年代にヨーロッパを襲った。ガール とブッシュ゠デュ゠ローヌ両県に現れている。その後一八七〇年から八〇年にかけて他の葡萄園にも現れたが、シャンパーニュ地方には出ていなかった。

安泰は束の間のことだった。

それでも、これほど名高く、手入れの行き届いた葡萄園にネアブラムシがつくはずはないと思いこみ、笑い飛ばしていた。一八七五年十一月六日の『ル・カリヴァリ』紙には、オペラハットをかぶった一人のブルジョワが葡萄農家に請け合う風刺漫画が掲載された。

――友人諸君、委員会から、成功間違いなしのネアブラムシ退治法をお知らせしよう。まず葡萄を根こそぎにしたまえ。

だが、数字は危機を告げていた。フランスではネアブラムシ発生以来三十年で、ワイン生産が四一〇〇万ヘクトリットルから二三〇〇万ヘクトリットルに落ち込んでいた。

一八八八年、オーブが黄色いアブラムシに襲われると、シャンパーニュ地方に不安が広がり始めた。感染は間もなく拡大していく。一八九二年八月、マルドゥイユ、シャヴォ＝クルクール、ムシー、マンシー、ダムリーで発見された。発生面積はまだ二ヘクタールほどに限られていた。だが一八九八年から蔓延が始まる。翌年、汚染地域は六十一ヘクタールに、一九〇〇年には五六〇ヘクタールになった。一九〇一年十月二十九日、マルヌ県全体が「ネアブラムシ発生地域」と宣言される。十年後の一九一一年、ネアブラムシによって壊滅した面積は六五〇〇ヘクタールに上ると見積もられた。

第一次世界大戦前夜、ネアブラムシはシャンパーニュ地方の葡萄園を地図から消し去る勢いに見えた。もちろん対策はとられていた。まずマルヌ県に新しい葡萄の木を持ち込むことを禁止し、また、汚染区画をしらみつぶしに破壊して葡萄の木を焼き払い、硫化炭素を土壌に注入して駆除した。病害を食い止める解決法を見つけるために、組合も創設された。だが、害悪は地下に潜んで居座り、思い出したように再発生した。

やがて努力が実る。一九〇六年、すでに一〇〇〇ヘクタールで葡萄が再び植えられた。一九一〇年には二〇〇〇ヘクタール、一九一四年には二五〇〇ヘクタール以上で植え直しが進み、アブラムシに汚染された葡萄園の約三分の一になった。

一九〇四年、四〇〇のワイン農家が加わって「シャンパン組合協会」も誕生した。

ワイン製造を守るために闘うシャンパーニュ地方のワイン農家にとって、敵はべと病やネアブラムシだけではなかった。不正行為もあったのだ。オーブ県とマルヌ県の間には軋轢があった。マルヌ側は「シャンパン」という呼称を用いる権利が自分たちだけにあると主張し、一方オーブ側はそのような排斥には断固抗議した。

一九〇八年、マルヌ側の主張を入れた政府決定は抵抗が大きかったに違いない。政令を尻目に、オーブのワインが大量にマルヌに不正輸入され、緊張が感じとれるようになった。

すでにその前年、南仏でワイン農家の蜂起が発生していた。シャンパーニュ地方で起こっても何の不思議もない。

シャンパーニュ地方のワイン農家も我慢の限界に来ていたのだ。ネアブラムシが葡萄を壊滅させただけではない。一九〇二年以来の不作で、多くの農家が土地を抵当に入れることを余儀なくされた。その後も収穫はぱっとしないか大きく落ち込んだ。唯一豊作だった一九〇四年には供給が需要を大幅に上回り、価格が暴落した。一九一〇年九月二十三日、「シャンパーニュ地方ワイン業組合」の総会で深刻な報告がなされた。「本年末は、一九〇八年にもまして広範囲にわたる徹底的荒廃が予想される。あらゆる災厄が不幸なわが地方を見舞う。洪水、嵐、雹、至るところで繰り返し猛威をふるう、べと病、メイガ、ホソハマキガ」

一九〇八年、ワイン業組合は地方農業公庫の融資や現物支給を求めた。だがこうした方策では不充分だった。土地の三分の二以上が抵当に入った村々もあった。

困窮が極まり、蜂起の温床となる村々が出てくる。パリから来た無政府主義者がくすぶる不満につけ入り、ビラを配って煽り立てる。「暴君どもの無慈悲な残酷さのために、数えきれない犠牲者の怒りの叫びが虚ろに響く」と。ワイン農家のデモ行進に赤旗とインターナショナルが登場する。シャンパーニュ地方のワイン農家の窮状に乗じて反乱を挑発しようとする無政府主義者の陰謀さえ取りざたされた。

だが決起には、ワイン農家の窮状だけで充分だった。

一九一〇年十月十六日、シャンパン組合協会の主催する抗議集会がエペルネで開かれた。一万人のワイン農家が参加した。空気は張り詰めていた。だが集会では、不正取り引きを非難し、生産地限定に関する一九〇八年の政令の適用を求める声明が採択されただけだった。

嵐の前の静けさだった。十一月四日、いくつもの自治体で税金不払いストが決定された。それから二カ月あまりの間に、事件は平和的なものから次第に暴力的になっていった。一九一一年一月十七日、ダムリーで一台のトラックの積み荷がマルヌ川へ投げ込まれ、不正にかかわっていたネゴシアン（仲買人）の蔵が略奪にあう。翌々日、軍が招集され、マルヌ渓谷に戒厳令が敷かれた。二十日、知事は、ワイン農家が破壊行為を止めることを条件に、県外からの搬入を止めさせようと表明した。

二週間にわたり、新たな事件が起きないまま交渉が続いた。二月十日、ようやく議会が紛争を食い止めることになるはずの方策を採る。法律を成立させ、ラベルと栓と包装に「シャンパン」と表示すること、移動許可証に「シャンパーニュ地方の葡萄から作られたワインであることを証明する」と明示することを義務づけた。法律にはさらに、「シャンパン」という呼称が認められるのは、限定された一地域、すなわちマルヌ県産のワイン・葡萄で作られた発泡ワインだけであると明記されていた。

マルヌ側は胸をなでおろす。が、オーブ側はおさまらない。軋轢は再燃し、四月十一日と十二日、ダムリー、ディジー、アイで略奪と破壊、火災が発生する。暴動を鎮圧し治安を維持するために、四万人の部隊が動員された。

今回は政府も、シャンパーニュ地方が一九〇七年の南仏の二の舞になることを恐れた。デモは次第に暴力的になっていた。破壊、税不払いスト、市町村参事会の辞任に加え、赤旗を掲げ、あまつさえ市庁舎に翻らせようとする無政府主義者が常にいた。

幸いにも、シャンパーニュ地方のワイン農家は踏みとどまる。間もなく衝突より対話が始まった。交渉が行われ、オーブ側は「第二シャンパーニュ地域」の呼称を受け入れた。オーブがシャンパーニュ地方に完全に再統合されるのは一九二七年になってからである。

第一次世界大戦によって、シャンパーニュ地方のワイン暴動は脇に追いやられた。ランスが爆撃され、エペルネが破壊され、葡萄園は略奪された。男たちが前線へ向かったため、女性、子ども、老人がワイン農民に早変わりした。

それでも一九一八年の休戦を祝うとき、シャンパンはあった。再建、植え直し、世話が待っていた。だが一九二二年、シャンパンは一九一四年の生産レベルを取り戻す。

戦争が終わると、昔からのシナリオが繰り返される。窮乏の後には幸福、シャンパンは一九二〇年代の狂乱の歳月にその権利をことごとく取り戻した。レストランのテーブルの上で、カフェで、流行の場所のいたるところで、そして歓楽街で、マキシムでも、またスファンクス、ワン＝トゥー＝トゥーといった娼家でも、またもやシャンパンの泡がはじけた。「大戦争」の恐怖を忘れるために、人々はめくるめくパーティーとあふれるシャンパンに酔った。

一九二九年の恐慌は、葡萄栽培に大きな打撃を与えた。だが何物も、これほど名高いワインを長い間抑えつけておくことはできない。第二次世界大戦でさえできなかった。「シャンパン総統《フューラー》」とあだ名されたオットー・フォン・クレビッヒ率いる「シャンパーニュワイン普及国立センター」に絞り取られたシャンパーニュ地方だったが、フリュートをかちんと響かせ合って、解放を祝った。

今日、毎年三億本以上のシャンパンが製造されている。老舗のメゾンも健在であり、また世紀の初めに現れたメゾンもあり、そのほかにも小規模だが質の高い製造元が数々ある。リュイナール、モエ・エ・シャルドン、パイパー・エドシック、ドン・ペリニョン、ロデレール、テタンジエ、ヴーヴ・クリコ、アンリオ、ローラン＝ペリエ、ボランジェ、ポメリー、メルシエ。こうした名前は耳に心地よく、世界をめぐっている。

それでも、「泡の出る」ワインにこのような運命をだれが予想しただろう。ドン・ペリニョン自身、自分の「発泡ワイン」がいつの日か世界でテーブルに乗せられるとは思いもよらなかっただろう。彼がおそらくは自分のワインにあまり登場してほしくないと思ったであろう物騒な場所にさえある。

シャンパンの使命は、実はフランスの使命、普遍性を映し出すものである。

だが愛国主義のそしりを免れるため、英仏海峡の対岸のわが隣人に発言を譲ることにする。シャンパンの泡の発見には、彼らに負っているところもあるからだ。詩人バイロンはシャンパンを大層愛し、折にふれて飲んでいた。「わたしは、炉ばたやこおろぎや、そういったものは何によらず、えびのサラダでも、シャンペンでも、無駄話でも、みんな好きだ[*12]」(小川和夫訳)。パーティーの成功に欠かせない三つの秘訣である。

最後に、ウィンストン・チャーチルに登場してもらおう。ウィスキーと煙草を愛したことで知られる宰相は、シャンパンにも目がなかった。ある日女婿のソームズ卿が理由を尋ねると、チャーチルはぼそっとこう答えた。

――最高のものがあればもうそれだけでいいんだ。

第九章　パルマンティエ氏のじゃがいも

一つの言葉が多様な文脈において、さまざまな意味で使われるようになることがあるが、美食学に関連する言葉はそうした役割を果たす場合が多いのは間違いない。「じゃがいも《ポム・ド・テール》」、別名「じゃが《パタト》」もそうだ。

「じゃがいものように太っている」「元気《パタト》がある」「じゃがいも鼻」「じゃがいものように不器用」「じゃが気質（フラマン語の表現）」「じゃがいも袋のような身なり」……。「じゃがいも」にはいい意味も悪い意味も込められる。だが、揶揄のこもらない罵り言葉として使おうとはだれも考えないところを見ると、今日親しみのあるものと見られているようだ。じゃがいもは善良で、どんなソースにも合い、流行の浮沈をくぐり抜けて生き残った「オールラウンド」な食べ物の典型である。

かつては馬鹿にされていたものだった。この丸い地下茎植物を食べる羽目になった人間たちは渋々口にした。だが運よく、熱愛者が現れる。一人の粘り強い人物が最愛の彼女をどこまでも擁護し、ルイ十六世に耳を傾けさせた。アントワーヌ・パルマンティエである。

じゃがいもはナス科の双子葉植物であり、ナス科はヒルガオ科、ゴマノハグサ科、ムラサキ科やその他のガガイモ科トウワタ属に近い。こうした草木はみな、温暖な気候で育つ。

だがナス科の植物と恋に落ちるなどということがあるのだろうか。

じゃがいもは、コロンビアの高原やアンデス山脈に沿って、長い間自生していたようだ。

ヨーロッパ人のじゃがいも発見といえば、スペインの詩人・歴史家ファン・デ・カステリャノスが『Historia del Nuevo Reino de Granada（新グラナダ王国史）』の中で、一五三六年に見たと書いている。また同じ頃新大陸に渡った征服者《コンキスタドール》で記録者《クロニスタ》のペドロ・デ・シエサ＝デ＝レオンも、じゃがいもがほぼ至るところで、特にキト周辺で栽培されていることを発見した。『Crónica del Perú（ペルー誌）』（一五五三年）にこう書いている。「トウモロコシ以外に、インディオたちが主食としているこの土地の食料が二つある。一つは、パパと呼ばれ、……ゆでると、まるでゆでた栗のように中身がとても柔らかくなる。……それを天日にさらし、次の収穫まで保存する。そして乾燥した後のジャガイモのことを、彼らはチュノ（チューニョ）と呼んでいる」*1（染田秀藤訳）

栗と比べているのは、ヨーロッパでは栗は、食糧難のときの救荒作物だったからだ。

インカ人はこの黄色や白や赤の地下茎植物をずっと以前から知っていたらしい。食用にし始めた当時、じゃがいもは有毒成分を含んで非常に苦かったため、凍結乾燥させる巧みな手法を編み出していた。じゃがいもを野天に広げ外気に触れさせて凍結させ、その後乾いた空気にさらして完全に乾燥させる。要は今日のフリーズドライ製法と同じ原理だ。

じゃがいもに魅せられたスペイン人船乗りは、船倉を一杯にして新世界からヨーロッパへ持ち帰った。

ジャン＝ポール・トレスによれば「じゃがいもがヨーロッパに導入された正確な日付は知られていない。だが二系統あることは分かっている。一つはスペイン系で、紫の花に赤みがかった地下茎、もう一つは少し遅れて入ってきたイギリス系で、白い花に黄色い地下茎。この二つの系統から、今日のヨーロッパのじゃがいもの多様な種類が生まれた」

コンキスタドールによってスペインに持ち込まれたじゃがいもは、かなり早くガリシア地方で見られるようになっている。自生したのだろうか。一五七六年と八四年には、セビリアの病院の会計簿に「パパ」調達の記述がいくつか見られる。これは栽培化がすでに進んでいたことを示すものと思われる。

一五六〇年頃国王フェリペ二世は、教皇の通風治療用にローマへ「パパ」を運ばせた。

スペイン人はじゃがいもに対してはチョコレートで見せた周到さとはほど遠く、新世界のメキシコやヴァージニアで流通させていた。

じゃがいもが再びヨーロッパに向かったのはヴァージニアからだったのだろうか。

一五七六年、七年頃、私掠船船長フランシス・ドレイクが興味をもったらしい。だが、一五八六年じゃがいもをイギリスに持ち帰ったのは、ウォルター・ローリー提督の旗下で航海した数学者トマス・ハリオットだったようだ。少なくとも、アレクサンドル・デュマの『大料理事典』はそう書いている。「このすばらしい野菜は、一五八五年にイギリス海軍提督ウォルター・ローリー提督がヴァージニア州から持ち帰って以降、飢饉から人々を救ってきた。この提督は、当初はまったくたいした注意も払われなかったじゃがいもの移入によってではなく、進取の気に富んだ人間、波瀾に富んだ人生を送ったことでよく知られている」[*2]

一五九〇年に出版した旅行記[*3]でハリオットは、この新しい植物を「openwak」と呼んでいる。「球形の根はヘーゼルナッツほどの大きさからずっと大きなものまである。湿り気のある土の中で育ち、紐で結んだようにいくつかがつながっている。食糧として優れ、「焼いたり茹でたりして食べる」

数年のうちに、じゃがいもはスペイン、イギリス、イタリアに順応した。同じ頃、オランダへの教皇特使がベルギーのモンスの地方長官に数個のじゃがいもを渡した。長官は一五八八年、当時ウィーンで神聖ローマ皇帝ルドルフ二世の庭園管理に携わっていたフランスの植物学者シャルル・ド・レクリューズに標本を二つ送った。

じゃがいもは、人を惹きつけ、魅了する一方、警戒心や嫌悪を呼び起こした。栄養満点だが、他にも効能が隠されているのか。まだわかっていなかった。十六世紀末のイギリスの本草学者ジョン・ジェラードは焼いて食べるのを好んだが、「ワインに浸す人もいれば、プラムと一緒に茹でる人もいる。滋養強壮になり、性欲を増進させる」と付け加えている。

性欲とは！　コーヒーにも紅茶にもチョコレートにも、スパイスにもミントにも、それこそありとあらゆるものに同じことが言われてきた。

スペイン、イタリア、イギリス、オランダ、スイス……。以来じゃがいもは決して旅を止めることなく、胃を満たす前に想像力を満たしていくことになる。

十七世紀イギリスを舞台にした小説『笑う人』でユーゴーは、狼とともに荷車で路上をさまよう、人間嫌いで懐の深い放浪の人物ウルズスを創造した。「彼の知恵は時に十分に食べるだけのものを儲けしめた。箱車の頂には一つの穴があいて、それに鋳鉄製暖炉の煙筒が通っていた。暖炉は彼の筥《はこ》に近く、その木を焦す程だった。暖炉は二部に分れていた。一方ではウルズスは薬を、別な方では馬鈴薯を調理した。……彼は自分の運命を、私共が今も述べたように、馬鈴薯――即ち当時豚と罪囚とを養った屑で生活した程に甘んじて受けていた。彼はプリプリしながら、しかも穏しく喰べた」*4（宮原晃一郎訳）

ドイツでもじゃがいもを食べていたのは豚と囚人だけだった。十七世紀初め、ユグノー派の貴族オリヴィエ・ド・セールは、『Théâtre d'agriculture et mesnage des champs（農業経営論）』（一六〇〇年）で、「カルトゥーフル《カルトーフェル》」がスイスからフランスのドーフィネ地方に来たと言っている。「種いもを用意し、厳寒が和らいだ春の初め、月が欠けて行く時期に、指四本分の深さに土に埋める」

十五年後、じゃがいもはルイ十三世の食卓にたどり着いた。だが、イギリスとさしてかわらず、大して好まれはしなかった。よく知られていなかったのだ。一六三〇年、ブザンソン高等法院は、なんと癩病《らい》［ここでの病名は現在の「ハンセン病」とは同一ではない］を引き起こす可能性があるという口実で栽培を禁じさえした。

三十年戦争が激しくなると、じゃがいもは食糧難のとき非常に役立つことがわかった。依然として雌伏《しふく》の時代だったが、戦争と部隊の移動が普及に拍車をかけた。

一六四〇年頃、「スペインとイタリアから来た兵士が、行軍の食糧とともにじゃがいもをドイツ南西部、ヴェストファーレン、ザクセンにもたらし、住民に栽培を促した。栽培化が進んだのは、バーデン地域で一六九五年から、ヴュルテンベルクで一七〇一年、メクレンブルクで一七〇八年以降、バイエルンとボヘミアで一七二五年以降であり、またブランデンブルクとプロイセンでも、フリードリヒ一世と特にフリードリヒ二世（大王）がじゃがいもの普及に貢献し、一七七一年から二年にかけての飢饉も普及に拍車をかけた。十八世紀末、じゃがいもはドイツの主要作物の一つになっていた」[*5]

他の場所でも、じゃがいもはまず家畜用、それから人間用として、食べ物の景色の中に入り込んで行った。イギリス、アイルランド、オーストリア、スイス、フランドル地方、フランス、特に東部などである。貴族界より開放的な農民はすぐにじゃがいもの利点に気づいた。貴族の方は何の取り柄も面白みもない根っことしか見ず、「広く最悪の野菜と見られていた」。一七八三年ルグラン・ドーシーはさんざんに言っている。「この食べ物はべたべたして味気なく、健康に悪い。胃腸内にガスを発生させ、消化も悪い。上流の家々では嫌われ、空腹を満たしてくれるものなら何でも満足する、鈍い味覚と丈夫な胃袋をもつ庶民の食卓へ送り返された」[*6]

空腹を満たす……。気候や情勢によって常に食糧難が起きる恐れがあり、最貧困層で多くが飢え死にの危険にさらされるとき、だれが文句を言うだろう。

幸い、じゃがいもには敵しかいなかったわけではなく、熱烈な支持者とその追従者《ついしょうしゃ》がいた。食糧不足の時期にじゃがいもが大いに助けになるかもしれないという考えはゆっくりと広がっていった。一七六一年と六二年、植物学者デュアメル・デュ・モンソーと農業技師フレノーが時の国王ルイ十五世にじゃがいも栽培を勧める。一七六五年カストルの司教は、「見本」用、さらには広告用の苗を育てるよう、司教区の主任司祭にじゃがいもを配った。そして一七七二年、ついにブザンソンの科学芸術文芸アカデミーが、「食糧難の惨状を緩和できる可能性をもつ食物」というテーマでコンクールを開いた。

一人の人物がこのコンクールの文句なしの勝者である。その名はアントワーヌ＝オーギュスタン・パルマンティエ。

アントワーヌ・パルマンティエは一七三七年八月十七日、ピカルディー地方のモンディディエで生を受けた。幼いころに両親を亡くし、調剤助手として生計を立てるため学業の中断を余儀なくされる。平凡で起伏のない人生。

ところが、七年戦争が決定的な転機となった。ハノーバーで軍の薬剤師助手となった彼は、五回にわたってプロイセン軍の捕虜になり、それ相当の扱いを受ける。このとき、捕虜と豚の食べ物だったじゃがいもを発見したのだ。他の捕虜と違ってパルマンティエは文句を言わずに、命を救ってくれるこの地下茎植物を噛みしめた。

一七六三年フランスに帰国した後――しばらくフランクフルトで化学の勉強を続けていた――、パルマンティエはだれよりも声を大にしてじゃがいもの価値を訴えた。安全性だけでなく、とりわけ栄養価を確信し、農業中央局のために報告を数本書いた。反響はあまりなかった。スイス人のソシュール、アメリカ人のベンジャミン・フランクリン、高位聖職者ジャン＝フランソワ・ド・ラマルシュといった多くのじゃがいも支持者の尽力にもかかわらず、フランスではまだこのインカの地下茎植物を食べることに二の足を踏んでいた。もちろん癩病を流行らせるなどと難癖をつけることはなくなったが、食べ物として認知するところまではなかなか行かなかった。

ブザンソンのアカデミーのコンクールに参加したとき、パルマンティエはアンヴァリッド（廃兵院）の薬剤師だった。結果は？　優れた論文で非常に説得力があった。後に完成したタイトルは「食糧難の際に代用食品となる、栄養価の高い野菜に関する研究。じゃがいも栽培をめぐる新たな考察」。その後、今度はパリの医学部も脱帽し、「知識豊富な芸術家の仕事であり、自ら実験によって裏付けたその判断は広く採用されるべきである」と称えている［一七七三年、《Examen chimique des pommes de terre》に対して］。

パルマンティエは、パン製造に小麦の代わりにじゃがいもを使うことまで提唱した。

実はパリ医学部は「後追い」をしただけだった。すでに数年前から、じゃがいもはフランス各地に植えられていた。パルマンティエは書く。「じゃがいもは大いに普及し、一部の地方ではすでに貧者の食べ物になっている。数年来、首都の近くで畑全体に植えているところもある。そのあたりでは、じゃがいもはよく知られ、市場に多く出回って、昔からの栗のように道端でも売られている[*7]」

この論文は経済学者テュルゴをはじめ、政治家のモールパやコンドルセ、自然科学者ビュフォンの助力で出版された。初めは頑《かたく》なだったヴォルテールもパルマンティエに称賛の手紙を送っている。「凡人は、世を悩ませる華々しい悪党を持ち上げ、英雄の称号を授与します。貴殿のごとき栄光は純粋で、人類を愛するすべての人々の賞賛に値するものであります」

辛口の皮肉屋ヴォルテールの誠意のこもった書き方は伊達ではない。

パルマンティエの誠意ある言葉は今日も私たちに感銘を与える。同時代人の幸福のみを求めた篤志家の彼は、一部で浴びせられる批判を嘆いていた。「私がどんな利害に突き動かされていると言うのか。店や商売をやっているわけではない。地位も年金も求めていない」

それでも地位は得た。アンヴァリッドの薬局の主任薬剤師。だがこの地位も彼からすれば利点は一つしかなかった。自分の科学的取り組みの信用が高まる。

熱意の持ち主だったパルマンティエは頑固者でもあった。いったん骨をくわえたら何があっても放さない猛犬。要望を出し、人を訪ね、報告を書く。自らの声とそれを通して見捨てられた国民の声を届かせ、食糧難や飢饉、あらゆる不測の事態に備えておく必要性に絶えず注意を喚起しようとした。貧困層がじゃがいもを受け入れ、空腹を和らげたい一心で食べているのに、なぜ栽培しないのか、なぜ「王より王権主義者」たらんとするのか。

国王自身はパルマンティエの言うことに耳を傾けていた。ルイ十六世は愚昧《ぐまい》ではなく、内向的な性格が与える印象よりは繊細で、困窮のどん底にいる臣民の運命を気にかけてはいたからだ。カストリ元帥の仲介で、ブーローニュの森の北サブロン平地に一カ所、グルネルに一カ所、土地をパルマンティエに与えて実験を続けさせた。

国王の支持でパルマンティエはますます情熱をかき立てられた。実験農場の最初の収穫を得たときはなおさらだった。関心をもつ農民と貧者にじゃがいもを配った。このとき、じゃがいもの花束をかごに入れてヴェルサイユに届けさせている。ルイ十六世は、パルマンティエの研究への関心を示すべく、数枚の葉をボタン穴に指し、マリー＝アントワネットにも胸と髪につけるように言った。一七八五年八月二十四日、王の誕生日に、「じゃがいもは（公式に）代替食糧制度に組み込まれた」[*8]

これで「じゃが」はお墨付きを得た。ルイ十六世は自らのふるまいで、支持を与えた。王は食卓に、間もなく「パルマンティエール」と呼ばれるじゃがいもを歓迎しさえした。

熱狂が広がった。パルマンティエは、実験農場を盗難や略奪から守るため、武装した男たちに守らせなければならなかった。ただし貴重なじゃがいもをいくつか盗もうとする畑荒しには目をつぶるようにと命令するのを忘れなかった。

パルマンティエはいみじくも言っている。「盗まれるたびに、じゃがいもの栽培と利用の賛同者が増える」

貴族たちは、ランブイエにある王家の実験農園にじゃがいもを取り入れた国王にならって、農民が「パルマンティエール」の栽培を望めば許可すると令を発した。

じゃがいもは突如、流行になった。至るところに顔を出す。耕作地だけでなく、料理にも、さらには絹織物業、装飾壁板、陶器、女性の髪形にまでも。

この熱狂を利用して、パルマンティエは自らの「発見」の成功を確実にするプロモーションディナーを催すことを思いついた。一七八七年十月二十一日アンヴァリッド。パルマンティエは、新しい野菜じゃがいもを世に問う宴に客を迎えていた。じゃがいもが君臨したこのディネの様子をポール・ウーゼが伝えている。「初めにスープ二種。一つはじゃがいものポタージュ、もう一つは肉スープで、中にじゃがいもパンが溶けずによく煮えていた。次はマトロット［淡水魚のワイン煮］、白ソースの料理一品、司厨長風の一品、そして五つ目がルーの料理一品。第二のサーヴィスはやはり五品で、第一のサーヴィスに引けをとらず、まずパテ、次いで揚げ物、サラダ、ベニエ、そして私がレシピを渡した経済的なお菓子。[*9] その後はそれほど華々しくはないが、繊細で美味しかった。チーズ、ジャム、クッキー、タルト、そして最後にやはりじゃがいものブリオッシュ。パンは二種類あった。じゃがいもの果肉と小麦粉を混ぜたものはかなりふっくらしており、もう一つ、じゃがいもの果肉とそのでんぷんで作られた方はどっしりした生地という評判だった」

この宴は非常な成功を収め、この新手の野菜の知名度はこれで大いに上がった。

とはいえ、じゃがいもも、一七八八年から八九年にかけての冬にパリ周辺を襲った飢饉という亡霊を追い払うことはできなかった。理由がある。じゃがいもの備蓄そのものが氷点下の気温でひどく傷んでしまったのだ。だがアントワーヌ・パルマンティエはそんなことでひるんだりはしない。この年に出した論文でパルマンティエは、自分の切り開いた道がまだ充分に推進されていないと嘆いている。「穀物が不作の年にはじゃがいもが大豊作であり、逆も真であることを考えれば、じゃがいもの耕作に最も適した多くの郡で、その気になれば恩恵を受けられるはずのこの救荒作物に対する警戒心がいまだ強いことには、驚きと憤りさえ感じざるをえない。この植物は、霜、風、不結実、そのほか畑と果樹園を見舞う不測の事態を問題にしない。種播《ま》きがすべて終わった後に植えられ、取り入れがすべて終わった後に収穫できる。家畜のえさにしていたさまざまな種の代わりにもなる。馬は喜んで食べるし、牛は乳を良く出すようになる。家畜小屋の動物はみな太る」

石頭なのだろうか、パルマンティエは？　そうだろう。だが同時代人の役に立ちたい、その運命を改善したいと願った科学者、ヒューマニストだった。イギリスの農学者アーサー・ヤングは『Travels in France（フランス紀行）』でパルマンティエを「世界最良の人物」と言い、「有益な該博《がいはく》な知識、あふれる情熱と活力の持ち主」と付け加えている。

革命でもパルマンティエは変わらなかった。

国民公会はパルマンティエに、議員になって農業技術委員会に加わるよう呼び掛けている。ただパルマンティエがルイ十六世の手からサン＝ミッシェル勲章綬章を受けたことは一部から非難された。食べ物に対する彼の執着に恐れをなす者もいたようだ。選挙のとき、一人の議員が彼の選出に激しく反対したと言う。「パルマンティエを議員にしてはならない。じゃがいもばかり食わせられる羽目になる。やつがじゃがいもを作り出したのだ！」

「作り出した」わけではないにせよ、パルマンティエは多大な貢献をした。二つの数字が雄弁に物語っている。一七九三年、フランスで、じゃがいもの栽培にあてられていた面積は約三万五〇〇〇ヘクタールだった。一八一五年、耕作面積はなんと十倍になっていた。

とはいえパルマンティエの業績をじゃがいもの普及だけに限定しては嘘になる。パルマンティエは非常に多岐にわたる分野で、多大な成果をあげた。トウモロコシとブドウ糖についての彼の研究は今日でも参考にされている。パン製造、葡萄栽培、ワイン醸造に関する著作もある。また、穀物、チョコレート、チーズ、牛乳、野菜スープ、栗、肉の缶詰、ミネラルウォーター、ブランデーにも関心をもった。化学者、薬剤師、毒物学者として、硝酸塩、薬効ワイン、ライ麦に寄生する麦角菌、ローマン・カモミールも研究した。書いたものは、合わせてなんと一万五〇〇〇ページにも上る。

勤勉で何事も揺るがせにしない誠実さを備え、人当たりがよく助力を求める人は決して拒まないパルマンティエだったが、国民公会の満場一致の支持がずっと続いたわけではない。詩人リュシエンヌ・デヌーが言う通り[*10]、確かにパルマンティエの仕事を後押ししたルイ十六世が「飢餓の首をはねる」ことに貢献したにせよ、パルマンティエがルイ十五世時代に名を知られ始め、ルイ十六世を味方にしたことは間違いだった。許しがたいということになった。パルマンティエはそれを思い知らされる。

糾弾され、身を守るには逃げるしかなくなった。委員会の同僚二人、ヴィルモランとジルベールが、ジュネーブ、ジェノバ、リヴルヌで、共和国軍病院の薬局へ物資を調達する仕事を見つけてくれた。そうこうするうちに恐怖政治が終わる。

ロベスピエールと「過激派《アンラジェ》」が姿を消し、パルマンティエの能力が再び認められるようになった。パルマンティエは、パリの薬学院会員、ルーアン、リヨン、ブザンソン、ディジョンのアカデミー会員、パリの農業協会会員になり、一七九六年、学士院会員となって天文学者アラゴや博物学者キュヴィエと並び、さらに一八〇一年、パリの施療院高等評議会に名を連ねた。一八〇三年、パルマンティエは医療監察官を務めていた。この年、軍病院・民間病院用に『薬局方』を出版し、名声は頂点に達した。総裁政府の後を継いで皇帝の座に就こうとしていたナポレオンはパルマンティエの仕事を高く評価していた。ナポレオンはパルマンティエにレジオン・ドヌール勲章を授与し、帝政の貴族とした。

じゃがいもの普及者パルマンティエは名声と業績を残した。発明はしなかったにせよ、今日の農学者、薬剤師、植物学者が彼を最も優れた先人の一人とみなすのは妥当だろう。

一八一三年の彼の死後、じゃがいもを「パルマンティエール」と呼ぶことによって、彼があれほど熱心に擁護した小さな根菜植物を通して、その名を不朽のものにしようと考えた人々がいた。一八四〇年の『自然史事典』に農学者ティエボー・ド・ベルノーの筆になる記述がある。「じゃがいもと呼ばれる貴重な根茎植物をパルマンティエールと名付けることを植物学者と園芸家に最初に提案したのは、農学者フランソワ・ド・ヌシャトーである。植物学者も園芸家も、金持ちや有力者の目を引くためとあれば素早く新種を作り出すのに、この提案には耳を傾けようとしなかった。われらが偉大なパルマンティエに感謝の意を表し、報いるためだったにもかかわらず、新語を受け入れたのはごく少数にとどまった。このナス科の植物が食糧難の壊滅的打撃を食い止める不倒の防波堤という今日の地位についたのは、パルマンティエが全力を傾けたおかげである。こうして記述しておくのは、恩知らずの者、愚者がいることを記録に残すためであり、また語用法の圧政の前に涙を飲んで、パルマンティエールという高貴で正当な言葉がありながら、基本的には間違ったばかばかしい言葉を使うのを強いられることに対する、忸怩《じくじ》たる思いを伝えるためである」

「パルマンティエール」という言葉は、「パルマンティエ風」挽き肉料理と違って、定着しなかった。じゃがいもは、「ポム・ド・テール」または「パタト」と呼ばれ続けている。

だが、パルマンティエの業績は記憶にとどめられている。残念ながら十九世紀には、食糧難の時期に彼の業績を思い出す機会が何度もあった。一八四六年、じゃがいも疫病が収穫に大打撃を与えたアイルランドの飢饉は六十万人の死者を出し、一〇〇万人以上のアイルランド人を米国移住へ向かわせたが、それを別にすれば、アントワーヌ・パルマンティエがあれほど効能を誇ったインカの小さな根茎植物は、多くの命を救った。今日もなお最貧層が困窮のどん底に陥らないよう役立っている。

じゃがいもの普及はヨーロッパ全体で進み、フランスだけでも消費量は八倍になった。

当時じゃがいもは、必要に応じて労働者が使えるよう慈善団体が用意した農園や菜園の中心だった。一九一四年から一八年、兵舎では「野菜の皮むき当番」が日常だった。フランスとベルギーに駐留した米兵が、フライドポテトの味をヨーロッパに持ち込んだのもこの時期ではなかろうか。

ベルギーはフライドポテトと恋に落ちた。味のためか、必要に迫られてか。第一次大戦時、穀物は前線に送られ、銃後の住民はじゃがいもを食べた。このためもあってベルギー人は世界最大のじゃがいも消費クラブの一員となる。一人一年になんと一〇〇キロ以上。

一九四五年までじゃがいもは、ヨーロッパ全域で消費される野菜の上位を占めていた。ドイツ占領下ではさらに貴重なものにさえなった。そのじゃがいもを打ち負かしたのは、一九二二年に米国から持ち込まれた昆虫コロラドハムシではなかった。じゃがいも疫病でもなければ、霜やどんな気候災害でもなく、単にフランスの「戦後三十年間《トラント・グロリューズ》の高度成長期」における生活水準の向上だった。

パンとスープに代わって「ビフテキのフライドポテト添え」が一種の国民的料理になったのを別にすれば、「貧者の食べ物」というじゃがいものイメージを人々は気にしはじめた。豊かさを享受し、食品の嗜好が変化する時代となり、じゃがいもは次第に疎まれるようになる。生産過剰で価格が急落し、大手スーパーでは五十キロの袋入りで売られ、菜園はほとんど姿を消した。コンキスタドールがスペインに持ち帰ったインカの根菜植物は平凡な食材、埋め合わせの食べ物になり、あれほどたびたび人々の命を作ったことをほとんど恥じているかのようだ。

今日、じゃがいもの平均消費量は二十世紀初頭の三分の一まで減っている。喜ぶべきだろうか。復権を図る一流シェフは折にふれて出てくるが、じゃがいもはまたしても評判を落としている。

もちろんかつてのように癩病を引き起こすと言われたりはしない。だがだれもが逃れたいと願っている今日の癩病がある。肥満である。じゃがいもは太るのだ。

大間違いだとじゃがいも派は反駁する。料理法によるのだ、と。決着はついていない。

それでも歴史の教訓が一つある。好奇心からにせよ、あるいは味やスノビスムからにせよ、中世以来見なくなった野菜を育てていることを自慢する菜園がある。だからじゃがいものことも軽蔑しない方がいい。パルマンティエ氏の小さな根菜植物が、明日再び、私たちにとって大きな救いとならないとだれに言えるだろう。

世界各地で「食糧暴動」が発生している今日、いたずらに危機を煽るのは慎むべきだが、建設的な議論はあっていい。むろん「じゃが」が金を指し、「一〇〇じゃが」が一億を意味した時代ははるか昔、じゃがはもう豊かさのシンボルではなく、庭から姿を消しつつある。

だがじゃがいもには少なくとも三〇〇〇の異なった種類がある。これほどの多様性をどうして否定できよう。

ミシュレは「人間の恩知らずぶりは見るに堪えない」と言っていた。アレクサンドル・デュマはさらに明快に付け加えている。「恩知らずになるほかないほど大きな恩というものがある」

第十章　チーズの冒険――バビロンからマリー・アレルへ

美食に関わる警句や名言の達人ブリア＝サヴァランは言っている。「チーズのないデザートは、片目の美女である」[*1]（関根秀雄訳）

本当に、もしチーズの盛り合わせがなかったとしたら、私たちのテーブルはどうなってしまうだろう。デザートの心休まる甘味の前に、締めくくりの祝砲さながらに、完璧なディネの賑々しさの象徴とも言うべきあふれんばかりの風味を解き放つ、あの頭をくらくらさせる香りがなかったとしたら。

二十世紀の作家ジャック・ローランは、自分が与った最高の食事は、デュマ家で『三銃士』とともにとったものだと言ってはばからない。丸々と太った雌鶏、パテ、チーズ、上等のワインが、実際に目の前に出されたのと勝るとも劣らず、五感を楽しませたという。

確かに目の前に出されていたのだ。想像力の奇跡によって。

デュマは有り余る才能とこの世の食材についての豊かな感性を持っていた。

十九世紀の小説家族の中で、それは決してデュマだけではない。ゾラの『パリの胃袋』を見てみよう。「しかし、とり分けチーズが山積みになっているのはテーブルのうえだった。フダンソウの葉に包んだ半キロ売りのバターの塊の横に、斧で断ち割ったような巨大なカンタルが、どっしりと腰を据えている。次に並んでいるのが黄金色のチェスター、どこかの番族の戦車から外れた車輪のようなグリュイエール、乾いた血がこびり付いた切り首のように丸く、からっぽの頭蓋骨のように固いため『死人の頭』とも呼ばれているオランダチーズ。……丸い板のうえにひとつ

ひとつ乗った三つのブリーは、消えかけた月のような憂愁をたたえ……」[*2]（朝比奈弘治訳）

チーズはだれの発明でもない。偶然――これが存在しないことはだれでも知っている――、あるいは状況が重なって自然発生的に生まれた。

この誕生も想像してみる外はない。おそらく数千年前、人類がまだ家畜の群れとともに移動していた時代、革袋に入れて運んでいた羊の乳が美味しく凝固することに気づいた。その後いつともなく、保存するには、塩を加えて乾燥させればいいことがわかった。

紀元前五〇〇〇年紀、北アフリカとヨーロッパ南部で羊飼いが使っていた土器はその形から、すでにホエー（乳清）を除くためのものだったことがわかっている。紀元前三〇〇〇年紀になると、フランス、イタリア、スイスで、凝乳の水分を切る小さな穴のあいた漉し器が見つかる。

羊、豚、山羊、牛はすでに生活の一部になっており、チーズもそうだったに違いない。いつごろからだろう。六〇〇〇年前のシュメールの石板にはすでに、年に六十リットルのチーズを作っていた羊飼いの勘定のことが書かれている。だが、チーズが最初に人気を博したと思われるのは、特に紀元前二五〇〇年バビロンだった。楔形《くさびがた》文字が刻まれた粘土板には、王の宴で供されたさまざまな料理が挙げられている。その中に、トム［圧縮タイプの牛、羊、山羊のチーズ］やスパイス入りチーズ、フロマージュ・ブランがあった。フロマージュ・ブランだけで、それを指す名前は二十を下らなかった。

聖書では「牛の凝乳、羊の乳」（「申命記」32章14）が選ばれた民の食べ物の一つとされている。チーズは英雄の食べ物だった。それゆえサムエル記にある通り、ダビデはペリシテ人との戦いで兄たちを訪ねるよう父エッサイに命じられたのだ。

「兄さんたちに、この炒り麦一エファと、このパン十個を届けなさい。陣営に急いで行って兄さんたちに渡しなさい。このチーズ十個は千人隊の長に渡しなさい」（「サムエル記」上17章17～18）

チーズはダビデの勇気を鼓舞しただろうか。そのすぐ後、ダビデは投石器だけを武器に、最強のペリシテ人、巨人ゴリアテを打ち倒し、首をはねた。イスラエルの人々はダビデの勇敢さによって勝利を収め、ペリシテ人はすぐさま退却した。

ギリシャはイスラエルの人々にも増して、山羊の乳とチーズを重要視していた。その痕跡はパルテノン神殿のフリーズにも神話にも見いだせる。『イリアス』で、トロイアの包囲の間、ギリシャの戦士に力と勇気を取り戻させたのはヘカメデのチーズだった。[*3]『オデュッセイア』では、キュクロプス（一つ目の巨人族）のポリュペモスの洞窟に入ったオデュッセウスは、「チーズが溢れるばかりの編籠」[*4]（松平千秋訳）を見つけた。巨人は洞窟に帰ってくると、「羊とメーメーと啼く山羊の乳を手順よく絞り、それから一頭ごとに仔山羊や仔羊を乳房にあてがってやる。そうしておいて直《す》ぐに今度は、白い乳の半分を凝固させ、それを集めて編籠に貯える。残りの半分は自分がとって飲み食事の足しにしようというので、容器に収めた」[*5]（同右）

牧人や羊飼いは、乳搾《しぼ》りのとき、最初の乳、最も軽い乳を取り、その後、最も脂肪の多い乳は仔に吸わせてやることをすでに知っていたのだ。

実のところ古代は文字通り、チーズに夢中だった。

ローマが地中海沿岸全体をわが物顔に支配していた時代から、山羊や羊のチーズは食材として特上の地位を占めていた。農民、兵士、奴隷は日常的にチーズを食べていた。ガリア征服に出立《しゅったつ》した軍団の配給には、一種のパルメザンチーズが入れられていた。フロマージュ・ブランはそのまま食べていた。これに対して、保存のためのチーズには塩を加え熟成させた。ウェルギリウスは書いている。「日が昇るころや昼の時刻に搾った乳は、夜の間にチーズにし、夜や日沈のころに搾った乳は、明け方に凝固させる。それは牧人が町へ行くときに籠に入れて持っていくか、少量の塩を振りかけて、冬のために蓄えておく」[*6](小川正廣訳)

ウェルギリウスは山羊や羊の乳は賞賛したが、牛の乳は避けていた。「雌牛は祖先の時代にしていたように、搾乳桶を白い乳で満たしてはならない。乳房の乳はすべて、かわいい子供たちに飲み尽くさせるべきである」[*7](同右)

凝固した乳は、タイムその他のハーブで香り付けされることもあった。乳という単一の原料から、形も硬さも味も違うチーズができていった。

ホエーを除いた後の凝乳は、まだフロマージュ・ブランに過ぎない。ローマ人が塩を加えたり乾燥させたり、圧縮・成形することを思いついたのは、何よりも保存のためだった。「フロマージュ」という言葉は、ラテン語の forma、ローマ人が凝乳を入れた型に由来する。フランス語に入ってまず「フォルメージュ」となり、それが「フロマージュ」となった。

今やチーズには、乳の質、栄養、酵素、製造方法、さらに熟成の違いから、無限の味の多様性が生まれた。プリニウスは『博物誌』で言っている。ローマのチーズ市では、「主として羊乳でつくられた」リグリア地方のチーズ、「目方一〇〇〇ポンドにもおよぶチーズがつくられる、大きさで珍しい」ルニチーズ、さらに「とくにローマ自身の中でつくられるこの上なく結構なチーズの場合のように」「新鮮で、煙で風味が増された」山羊乳のチーズなど選《よ》り取りだ、と。[*8]

プリニウスが取り上げているのはローマのチーズだけではない。ダルマシアやサヴォワ、ロゼール、ジェヴォーダンのチーズの話も出てくる。ロックフォールやカンタルのご先祖だ。ただしこう嘆いている。「ガリアのはどうしても強い薬の味をもっている」[*9]。ハーブやスパイスで味付けされていなかったからだろう。

帝国全土を移動したローマの軍団は、保存の利くパルメザンやペコリーノを評価した。広大なローマ世界では、遠く離れた地方同士の行き来があり、まったく異なる製品のやり取りがあった。当時からチーズは旅していたのだ。イギリスのチェシャーチーズも、パルメザンも、あるいはオーヴェルニュ地方のカンタルやアルプスのボーフォールも、アルプスやジュラや中央山地のハードチーズも、そしてロックフォールも。

四世紀から五世紀にかけての侵略はチーズの普及を滞《とどこお》らせた。途絶えた通商路もあった。ローマ人から見れば、サクソン人やバイキング、スカンジナビア人の侵略者は、凝乳酵素を知らず、乳ばかり飲む芸のない連中と映った。

その間、大半の町や村は閉じこもって、独自のチーズを作り出した。チーズの「自給自足体制」

である。

とはいえ「酸っぱい乳」を飲んでいた蛮族も、すぐにローマのチーズ製造技術を身に付けた。中でもフランク族とブルグンド族は、柔らかくクリーミーなチーズを発見した。ブリー、マンステール、マルワールなどだ。シャルルマーニュ（カール大帝）はブリーとロックフォールに目がなかった。

チーズの成功を決定付けたのは、ワイン醸造の先駆者でもあったベネディクト会やシトー会の修道士だった。サン＝ポーラン、サン＝ネクテール、ポール＝サリュ、マルワールといった修道院のチーズはつとに有名である。

商業と巡礼が回復し、人の行き来が増え始めると、チーズの評判は生産地の外へ広がって行く。熟成技術が向上し、美味しく熟成するまろやかな味のチーズが製造できるようになった。中世では修道院は、まさに農業事業を経営していたと言っておかねばならない。乳製品製造用に家畜の群れを飼育し、パンを作るための麦畑を持ち、葡萄園も持っていた。

カロリンガ朝を解体した九世紀から十世紀にかけての侵略は、このチーズの飛躍をほとんど妨げはしなかった。修道院に身をひそめたベネディクト会、シトー会の修道士たちは、いい時代を待ちながら、辛抱強く仕事を続けた。

平和が戻り、道がまた安全になると、待っていた時代がやってきた。陸や川を行く通商路が安心して通行できるようになり、商業と巡礼の波が再び、キリスト教ヨーロッパ世界を豊かにする。

僧院は宿に、修道士は宿の主に早変わりした。当時チーズは、日常の食事で一つの主要な役割を果たしていた。先の長い道程を控えた巡礼たちは、他のものと比べて数日間保存のきくこの食べ物を、喜んで袋に入れて持ち歩いた。

ヨーロッパ全域の修道院でフル回転した活発な活動を想像してほしい。至るところで、土地を開拓し、藪《やぶ》を掘り起こし、木を切り払い、土地を耕し、牧草地と耕作地を日当たりのいい高台に整備した。夏季放牧が一般的になり、それとともに夏の間のチーズ製造も広がった。地下室の涼しさと湿気が、グリュイエール、ボーフォール、アッペンツェラーといった圧縮タイプのチーズの製造にうってつけだった。

成功はやはり約束されていた。

一二一七年、シャンパーニュ伯爵夫人ブランシュ・ド・ナヴァールは、フィリップ二世にブリーチーズ二〇〇個を届けさせた。王が宮廷の夫人たちに贈り物として配れるように。同じ時代、乳を利用して収入源を得ようとした女性たちが、デゼルヴィリエでフランス初のチーズ組合を結成した。

十四世紀、大半の「銘醸」はすでに評判を確立していた。ほぼすべて修道院の製造によるものだった。十九世紀、二十世紀になって、赤ら顔に太鼓腹の修道士の絵をラベルに使ってそれらしくしているのは偶然ではない。この絵のおかげで、製品の質、特に郷土の製品であるというイメージが強められる。

マルワールの修道院は、「マーケティング」が成功したまたとない例であり、また職人的製造法で成功した好例でもある。一〇〇〇年からこの修道院は自家製造によって、また支部や賦課租の義務を果たす農民を通して、かなりの量のチーズを製造し、ヨーロッパ各地へ送り出していた。「事業」から最大限の収益を上げようと、なんとマルワールの副産物まで作っている。製造中にくずれたものを集めて、パプリカ、パセリ、エストラゴンを混ぜ、ブレット・ダヴェーヌを編み出したのだ。

シャンパーニュの大市に続いて、ヴェネツィア、ブリュージュ、イギリス、ドイツ、スカンジナビアの大市など、各都市の市はこぞって、ヨーロッパ各地から来たチーズを売り台に並べた。フランスがイタリアと並んで第一人者だったが、オランダのゴーダやフリースラント、またコショウ、クミン、クローブをきかせた北欧のチーズもあった。

百年戦争による農村の荒廃はチーズにも打撃を与えたが、その後は近代を通じて、チーズの普及はとどまるところを知らなかった。

革命期、カマンベールの誕生でチーズ神話はおそらく決定的な一歩を刻むことになったが、このことは後でまた触れる。

いずれにせよ、チーズ――すべてのチーズ――はすでに勝利を収めていた。革命期と帝政期の兵士は否応なしにセールスマンと化し、ダントンの祖国を靴底で運んだようにチーズを運んで行った。

十九世紀と産業革命を経て、チーズはずっと短い時間でついには地球の果てまで届くようになる。イギリスで始まったチェダリングという機械製造法は、全アングロサクソン諸国に普及した。チーズは、保存食品というだけではなくなった。あらゆる種類が国から国へ、大陸から大陸へと旅をした。国同士の味の交流が、製品の交流に劣らず重要になった。

革新の時代でもあった。一八五〇年頃、フランスでシャルル・ジェルヴェがフレッシュチーズ産業を始めた。フロマージュ・フレを作っていたエルー夫人という農民女性を訪ねたことをきっかけに、布袋に入れた凝乳を重ねてホエーを除き、程良く圧縮する新たな手法を思いついたのだ。「プチ・スイス」の誕生だった。

同じ時代、ルイ・パスツールは、熱で病原菌が破壊されることを立証し、「パスチャライズ（低温殺菌）」の技術を発明した。一九二一年には「ヴァシュキリ（ラフィングカウ、笑う牛）」、次いで一九五六年には、ブレス地方のブルーチーズが作られた。今やチーズはさまざまな形で、あらゆるテーブルに乗るようになった。

文句の出ようもないはずだ。

だがこの商業的成功は一方では、時とともにチーズの存続を脅かすようになる本質的危機でもあった。今日問いかけられているのは、数千年を経て全大陸に広がったチーズが、究極的かつ致命的な変容を遂げるかどうかということに他ならない。

「グリュイエール」や「パルメザン」あるいはいわゆるオランダ産チーズで、現在、根本的に質を変えてしまう化学物質が入っているものはどのくらいあるだろう。痩身、殺菌、「美食学的正しさ」を追い求める近代世界がチーズを脅かしている。脂肪が多すぎるとか、菌の浸食が想定以上に進み過ぎだとか、あるいはどんな大気汚染でも平気なのだが、マルワールやマンステールの強烈な匂いは耐えられない「繊細な」鼻にはあまりに「臭い」とか。

今日、機械化と殺菌のおかげで、チーズはビジネスチャンスと引き換えにその特質を失った。ベルナール・ナンテは嘆く。「チーズの国際貿易には新しい規制がついて回る。衛生や微生物の伝播《でんぱ》に関して厳しい法律が適用されるが、どの生乳チーズもそれぞれそうした微生物を定義上もっている。周到なチーズ製造の名人が何世紀もかけて手なずけてきた無害な微生物こそが、チーズの味の元である。殺菌でその微生物を取り除けば、有益な酵素だけを注入したところで、『本当の』チーズにその特別な味わいを与えていたものはやはり破壊される。チーズの救命を求める怒れる美食家たちのデモ行進や、はたまた、マンステールやルムドゥーの匂いをかぐ権利、ロックフォールのカビ、ゴルゴンゾーラのスティルトンを口にする権利を求めるプラカードを目にすることになるのだろうか[*10]」

ドゴール将軍はチーズが四〇〇種もある国を治めるのは至難の業だと言ったではないか。

それにマリー・アレルはどう思うことだろう。

というのも、もし今日すべての美味しい食卓に登場するチーズがあるとすれば、そしてその匂いが時には不当に非難されるチーズがあるとすれば、それはカマンベールに他ならないからだ。

フランスのすべてのチーズ——フランス以外に名声を博すにふさわしいチーズがあるだろうか——の中で、カマンベールは独自の位置を占めている。

他に類を見ないその歴史はひもとくに価する。

始まりは一七九一年のことだ。二年前に革命が勃発《ぼっぱつ》し、アンシャンレジームは一掃されていた。パリではすでに王というより議会の人質と化しつつあったルイ十六世が、聖職者基本法の受け入れを余儀なくされた。貴族に続いて、今度は侮辱され追放された一部の聖職者が、この法律への宣誓を忌避するため外国への亡命を図る。

こうした聖職者で、ブリー地方出身の一人が、他の多くの聖職者同様、逃亡の旅に出た。名をゴベールという。偶然が重なって、ゴベールはノルマンディーにたどり着いた。

ゴベールはそこでマリー・アレルに出会う。カマンベール村から遠くないボーモンセルの城館で、この若い農婦は市場へチーズを売りに来ていた。ゴベール神父は彼女の家にかくまってもらう。感謝の意を表するためか、あるいはマリーが夫のジャック・アレルとともに作っていた丸いきれいなチーズを評価したからか、神父はマリーにブリーチーズの製造法の秘密をいくつか伝える。おかげでマリーのチーズはまろやかさを増した。

カマンベールの誕生だった。

マリー・アレルは秘訣を次の世代に伝えた。同じマリーという名をもつ娘とその夫トマス・ペネルが伝統を受け継ぎ、マリー・アレルの仕事を引き継いだ。カマンベールの人気は高まっていく。間もなくヴィムティエ、カン、アルジャンタンでも見られるようになり、「熱狂」は次第にノルマンディー地方全体を覆った。

やはり鉄道のおかげで――、マリー・アレルのチーズの評判は今やノルマンディー地方の境を越えた。一八六三年、パリ‐グランヴィル間を結ぶ鉄道が開通したとき、マリー・アレルの孫息子ヴィクトル・ペネルと言葉を交わした皇帝ナポレオン三世は、かの有名なカマンベールを賞味する機会を得た。皇帝の熱狂ぶりに、翌朝パリの朝刊紙はこの新しい流行のチーズの話で持ちきりとなった。

カマンベールは成功を約束された。間もなく全世界に知れ渡るようになる。とりわけ一八八〇年、E・リデルが薄く削った木片で作った小箱に入れることを思いついて以来だ。この包装のおかげで、発酵を続けながら遠くまで運べるようになった。

続きはご存じの通り、以下で見る。

ここまでの話が信じたくなる美談なのは間違いない。人はいつでも伝説を信じるのが好きだ。ただ話は真実ではない。

一九二六年三月十五日ヴィムティエ。一人の男が薬屋の扉をたたいた。五十がらみで白髪交じり、チェックの三つ揃いの背広を着た男は、薬屋で助役のオーギュスト・ギャヴァンに自己紹介した。フランス語は達者ではなかった。それも道理だ。男は米国人だと言い、ジョセフ・クニリムと名乗った。ギャヴァンは戸惑いつつ、用件を聞き出そうとした。薬の処方をしてほしいのか。クニリムはすぐに違うと言った。病気ではない。ただ、墓参りをするために列車でカマンベールの村に行こうとしているだけだ。アレル夫人の墓に。

薬屋は面喰った。アレル夫人？ いったいだれだ？ この米国人は人口三〇〇人の村に鉄道の駅があるとでも思っているのか。

話が通じないことにじりじりした訪問者は、トランクから何やらフランス語が印刷された紙を取り出した。ギャヴァンが手に取ってみると驚くような文面だった。ブリア＝サヴァランの引用とマリー・アレルの名の後で、クニリムが旅の目的を説明していた。「彼女に捧げられた記念碑に敬意を表するため、何千キロも旅して来た。もっと早くカマンベールチーズの物語を知っていれば、もう何年も前にこの巡礼をしていただろう。

「フランスには多くのチーズがあり、どれも素晴らしい。だが消化のよさでは、アレル夫人のチーズ、『本当のノルマンディーのカマンベール』に並ぶものはない。数年前、消化不良で数カ月間ほとんどカマンベールしか受け付けなかった。それ以来、カマンベールの良さを伝え、何千人もの食通の間に広めてきた。今も日に一、二度食べる。私は貴町のこの製品の素晴らしさを飽くことなく伝え、疑いをもつ方には先入観なく食べてみてほしいとお願いしたい。カマンベールの人気が世界に広がり、また貴町がアレル夫人のような人類への貢献者を他にも輩出されることを祈る。私を含め数千人の米国人がカマンベールに寄せる限りない称賛のささやかな証として、この花冠を持参し、われらみなへの貢献者の記念碑に謹んで捧げる。フランスと米国の国旗が人類への奉仕で常に結ばれんことを」

ギャヴァンはにわかには信じられなかった。だがクニリムの断固とした様子に肩身が狭くなる。マリー・アレルの墓の場所を知らなかったのだ。後で尋ねられたヴィムティエ市長のダンテュ博士も自分も知らないと白状した。

墓を探すと間もなく見つかった。カマンベールの村から目と鼻の先、シャンポスー墓地にペネル家の墓があった。墓石にはわれらがヒロインの娘で、トマス・ペネルに嫁いだマリー・アレルの名があった。

こうしてジョセフ・クニリムは一九二六年三月十七日、念願を果たした。米仏両国旗の色の絹を巻いた金属の月桂冠をペネル家の墓に供え、マリー・アレルに敬意を表することができたのだ。クニリムに敬意を表して盛大な午餐会が催された。食事の終わりに立ち上がったクニリムは、マリー・アレルの記念碑を建てると厳《おごそ》かに宣言した。寄付を募るという。彼自身も二十ドル札を一枚寄付し、その後、カマンベールとともに胃の不調を緩和してくれたビールの生産地、チェコスロヴァキアのプルゼニ（ピルゼン）に向けて発った。

以来、クニリムを見かけることもその消息を耳にすることもなかった。

二年後、一九二八年四月十一日、ヴィムティエの町はお祭りだった。イースターの大市が立ち、群衆が通りにあふれていた。だが賑わいの理由は大市だけではなかった。オルヌ県の上院議員になった元共和国大統領アレクサンドル・ミルランを待っていたのだ。ようやく姿を見せたミルランは、ふだんは市が開かれる卸売市場のあたりの人垣へ向かった。

群衆は静まり返り、ほとんど瞑想に耽《ふけ》っているようだった。ミルランは、芝居がかったしぐさでマリー・アレルの思い出に捧げられた記念碑を除幕した。

群衆が目にしたのは、伝統的なノルマンディーの民族衣装に身を包んだ一人の女性だった。木靴を履き、フィシュ［レースの三角形のスカーフ］とエプロンをつけ、腰に銅のミルク壺を抱えている。背景には、農場の中庭の風景が浮き彫りにされていた。そして上の方にこうあった。「カマンベールチーズの創造者、マリー・アレルに捧ぐ」

一つの神話が生まれた。

一九二八年四月十一日のこの日、カマンベールはフランスの象徴になったのだ。

神話は常に歴史より美しく、深い意味が込められている。

マリー・アレルの歴史は実際には一七六一年、クルットで始まった。ジャック・フォンテーヌとシャルロット・ペリエの娘として生を受けた。カマンベールの村にもボーモンセルの城館にも一度も住んだことはない。ただ一七八五年五月、そこでジャック・アレルと結婚したようだ。その後、ジャックの生まれたロワヴィル村に落ち着いて、丸いクリーミーなチーズを作り、一七八七年十二月二十九日には娘のマリーが生まれた。

マリー・アレルは年とともに製法を完成していったのか。「皮《クルット》」も彼女がつけたのか。わからない。だが彼女がチーズ製造で評判をとり、それがヴィムティエ地域全体に素早く広がったことを疑う理由はない。製造のノウハウを知っていただけでなく、自分のチーズを売り込む才覚や、仕事上何でも挑戦してみる勇気もあったのだろう。こうして一七九八年にはヴィムティエの市でチーズを売っていたこと、さらにアルジャンタンでも、オルロージュ通りの食料品屋トゥルヴェ夫人の店にチーズをおいていたことがわかっている。

　ビジネスセンスを受け継いだ子孫は、華々しい先祖の評判と、後には神話の維持に力を注いだ。マリー・アレルに命を救われ、感謝の意から秘訣を伝授したというあの神父は？　美しい物語だが真偽は確かめようがない。聖職者基本法を忌避した二人の聖職者がカマンベールの村に滞在していたらしいとする資料はいくつかある。一七九六年から一八〇一年にかけてルートルイユ家に避難していたブルドン司祭、ピエール・パランの家にいたデシャン司祭。マリー・アレルの痕跡はまったくない。恐怖政治期、逃亡中だった司祭とマリーの人生が交錯《こうさく》したとしても、知るすべはない。

　第一そんなに重要なことだろうか。マリー・アレルの最大の美徳は「一つのチーズの製法を改善したことでも、取り引きを広げたことでもない。こうした領域なら、名前は残っていなくとも、他にも彼女と並ぶ人がいるかもしれない。彼女の良さは自分のノウハウと評判を娘に伝えたことであり、運の良いことに、先祖の優れたレシピの価値を知る起業家の子孫に恵まれた」*11

そもそもカマンベールはマリー・アレルよりずっと前からあったようだ。劇作家ピエール・コルネイユの弟トマ・コルネイユは、一七〇八年出版の『地理事典』でヴィムティエの項に書いている。「バス・ノルマンディー地方の大きな村。リジユー司教区にあり、リジユーの町から六里、フェルヴァックとリヴァロの村から約二キロ、モンゴメリーの北、『ラ・ヴィ』と呼ばれる川沿いにある。村の人口は多く、司教区の教会には二十人の神父が奉職。ベネディクト会の修道院が一つと、病院を運営する援助修道会の修道院が一つある。毎週月曜日に大きな市が開かれ、リヴァロやカマンベールなど素晴らしいチーズが並ぶ」

マリー・アレルがロワヴィルに落ち着いたときカマンベールの評判はもう確立していた。同じチーズだったとは言い切れないにせよ。

オルベック村の歴史に関する著作の中で、村の総代ジョベは一七六〇年、マリーの生まれる一年前にこう書いている。リヴァロの町の市では「主な取り引き商品は、パリとフランス中へ送られるバター、チーズだった。隣の司教区カマンベール村のチーズはさらに素晴らしいとされていた」

総体的に見れば、ノルマンディー地方のチーズの評判はずっと前から確立されていたことになる。とりわけオージュ地方のチーズは。

カマンベールの成功は、すでに見たように、マリー・アレルの子孫に負うところが大きいように思える。孫息子のシリルは鉄道の発展を利用し、また評判を活かして祖母の技をアピールしつつ売り込むすべを知っていた。地主だった彼は、一八七〇年代に八つほどの牧場を所有し、牧草地の合計面積は二〇〇ヘクタール近くに上った。製造していたのはチーズだけではなく、乳牛を数多く所有する一方、肉牛も毎年数十頭肥育《ひいく》していた。

実はシリル・ペネルは牧畜業者としてあらゆることを手掛けている。牧場主・チーズ製造業では飽き足らず、シードルとブランデーを作り、大市で仔牛と豚の取り引きを行い、さらに家禽、果物、野菜に至るまで、要するに自分の牧場がふんだんに産するものは何でも手広くやった。一八六五年だけで、一二九二キロのバター、三三一五個のリヴァロ、そしてなんと五万九一四六個のカマンベールを生産した。

ノルマンディー産チーズの驚異的市場でペネルの一人勝ちが長続きするはずもなかった。一八五九年すでに、カルヴァドス地域だけでカマンベールの製造所は三十ほどを数えていた。三十年後には各地で、ノルマンディー地方の外でも作られるようになった。

一八八六年から九四年の間に、パリの中央市場でカマンベールの販売量は倍増した。貴重なチーズの製造技法を保持しようとしたペネル家の願いをよそに、マリー・アレルの製造の秘訣――というようなものがあったとすれば――は長く秘されてはいなかった。「カマンベール」の呼称を何としても守ろうと長い闘いが行われたが、ペネル家は敗れる。十九世紀末にはルプティ、ランクト、ビッソン、ビュケといったライバル王朝があり、間もなく一九〇九年、こうした製造業者がそろって組合を結成することになる。

ペネルの独占の時代は終わりを告げた。

カマンベールは新時代に入り、いくつかの有力家が製造を占有した。製造方法は、一九五〇年代までの半世紀足らずの間にいくつかの革新を経て、大きく発展した。

まずラベルを貼った木の小箱が考案された。以前は藁の上に乗せられ、薄い紙きれで覆われただけで運ばれていたが、これで輸送のショックからも光からも守られることになった。またパスツール研究所の成果のおかげでカビが取り除かれ、白くなった。当初、カマンベールの皮はブルーかブルーグレイがかっており、カビが生えると赤褐色の染みもできたため、真っ白なチーズを求める消費者に嫌がられていた。

この不快な染みの解消に取り組んだ研究者の一人に、ジョルジュ・ロジェという粉挽き機会社の元社長がいた。

もともとロジェは教育を受けた科学者ではなかった。しかし一八九六年、定年を迎えて、微生物学の研究を始めた。

ロジェはモーの農業協会から、ブリーチーズ製造業者の発酵過程管理の手助けを依頼された。パスツール研究所の所長に助言を求め、ブリーの皮《クルット》から採取した微生物の培養を始める。しばらくして、凝乳酵素を添加する前の牛乳の酸化に関係する乳酸酵母を分離することに成功した。ペニシリウム・カマンベルティ。この後ロジェは、チーズの植菌の合理的方法を開発した。

カマンベールはこの発見の恩恵を受けた。一九〇一年、カンの農事試験場長E・ルイーズ博士が公式声明を発表する。「青や緑や黒の染みのない、美しい白いカビを生えさせるには、チーズにペニシリウム・カマンベルティの胞子を植え付けることである。ノルマンディーではこの方式が採用され、すでに成功を収めている」

そして牛乳を生産者から集める方法も変わった。初めは馬で、後に一九三〇年代からは自動車で。一九一四年、サン＝マクルーのチーズ製造会社ルプティは、一日に一六〇〇の農場から一万五〇〇〇リットルの牛乳を集めてチーズ製造を行っていた。当時、この工場では日常的に七〇〇〇から八〇〇〇個のチーズを生産していた。

カマンベールはプロの事業、商取り引き、経済物資になった。だからこそ一九〇九年に設立された組合はカマンベール製造の厳密な枠を定めることを目的としたのだ。基本目標は、あるチーズが「カマンベール」の呼称に値するための厳密な基準を設けることだった。脱脂乳で作られた多くの模造品がすでに低価格で出回っていたからだ。以後、最低三十六パーセントの脂肪分が求められるようになる。脱脂乳と闘い、価格の低下と闘う効果的な方法だった。一九一一年、脂肪分の割合は四十五パーセントまで引き上げられた。

「カマンベール製品」と生産者の利益を守ることを目指した闘いは他にも続けられた。

だが大衆の関心は低かった。大衆にとって大切なのはチーズの質だけだ。カマンベールは今や国際的に評判になり、「チーズの王様」とみなす向きも出てきた。

一九一四年から一八年の「大戦争」の間、兵站《へいたん》の問題でカマンベールの不足に苦しんだ兵隊たちもそう言いたいところだっただろう。また、子どもたちに必要な牛乳を横取りし、価格をつり上げたと不当に非難されたノルマンディー地方のチーズ製造業者もまた困難な時代を経験していた。

だが「チーズの王様」は甦る。一九一四年から一八年の殺戮《さつりく》戦争でカマンベールは神話の域に達していた。国に帰還しただれもが、戦闘の合間にクリーミーなカマンベールをパンの大きな一切れと一緒に味わった貴重な瞬間を忘れなかった。

マリー・アレルの時代は、はるか昔のことのように思えた。

その物語にエピローグを付け加えたのは第二次世界大戦だった。

一九四四年六月十四日、連合軍がヴィムティエを誤爆した。町はほぼ完全に壊滅し、空襲で二〇〇人の住民が命を落とした。マリー・アレルの像も首が壊れた。

悲劇的な誤解の埋め合わせをしようと、米国人は一九四七年、街の再建に必要な資金を集めるために「ヴィムティエ救援」委員会を作った。

米国有数のチーズ会社ボーデン・チーズの社長ウィリアム・A・フォスターが進み出て、社員とともに、マリー・アレルの像の修復を申し出た。ヴィムティエ市長はこれを受け入れた。一九五〇年、市長は二〇〇〇ドルの小切手をボーデン社社員から受け取った。

一九五三年に完成した像は、三年後の一九五六年十月四日、ようやく設置された。米国の競争相手に対するノルマンディーのチーズ製造業者の非難を押し切ってである。彼らの不満には理由があった。米国は何年も、衛生上の理由とヨーロッパ由来の菌の流入防止という口実で、未殺菌のチーズ、特に生乳から作られたカマンベールの輸入を禁止していた。

この日、米国では誠意を示すため、オハイオ州バンワートのボーデン・チーズ社の入り口にヴィムティエの像のミニチュアも立てていた。

だがそんなことではおさまらなかった。

マリー・アレルは草葉の陰で気をもんでいたに違いない。気の毒なジョセフ・クニリムも。

カマンベールの物語は真実ではない。マリー・アレルはカマンベールを作り出しはしなかったし、ゴベール神父はおそらく存在せず、パリ‐グランヴィル間の鉄道が開通したのは一八六三年ナポレオン三世によってではなく、一八七〇年だ。

だがそんなことはそれほど重要だろうか。最も大切なことは、この伝説が人間の深奥にあるものに合致しているということだ。人は団結させる神話を必要とするものである。

これこそがカマンベールの物語の意味することなのだ。フランス革命期の誕生、一介の農婦マリー・アレルと迫害を逃れた聖職者ゴベールの出会い、鉄道がフランスを開発し統一に貢献したまさにその時期のペネルとナポレオン三世の出会い、国の歴史をたどり、ただのチーズに創成神話を付与する木箱ラベル、戦時の何よりの美食だったこの必需品に対する「兵隊」の愛着、こうしたすべてがカマンベールを神話的なチーズにした。

シャンパンがスパークリングで軽やかで、趣味のいい洗練された歓楽的フランスを象徴するとすれば、カマンベールは地に足のついた団結する泥臭いフランスの体現だ。

カマンベールは「チーズの王様」だろうか。そう言ってもいい。こう言うロジックになるかもしれない。三つの共和制の下で最も輝かしい栄光の時代を経験したカマンベールは、「大統領《プレジダン》」になってしかるべきだと。

第十一章　レストラン、癒《い》やしの食

すべては一七六五年に、パリ、プーリ通りで始まった。店の名を売り出すためか、思い切った試みだったというべきだろう。

「シャンドワゾー」とも呼ばれる、ブーランジェなる人物が開いた店は、正面に、マタイ福音書の一節をもじったラテン語らしきものが書かれていた。「胃の腑の弱りたる者みな、わがもとに来たれ。われ汝を癒さん」

この文句は衆目を集めた。主人が「レストラ」と名付けたこの店は、数週間後には客足が絶えなくなっていた。ディドロがソフィー・ヴォランに宛てた手紙にも出てくる。「その後、プーリ通りのレストラトゥールへ夕食を食べに行った。良い店だが、高くつく」*1

それでも法外ではなかったに違いない。客が二の足を踏むほどではなかったからだ。

ルーブル宮にほど近い店でブーランジェが供したのは、「滋養強壮ブイヨン」「健康増進スープ《レストラ》」（ラテン語の restaurans に由来）だった。仔牛、羊、家禽、ジビエ、やまうずら、去勢鶏その他、栄養のある食材を大量に鍋に入れ、しっかり蓋をして湯煎する。従来は玉ねぎ、ハーブ、スパイスや時には焼いたパンや大麦も加えて作られたこともあった。出来上がるのは滋養たっぷりのスープで、客はこれで食事を済ませる。

そのうちに本格的な料理も供されるようになる。種類が豊富で、仕出し屋《トレトゥール》の限られた品揃えとは対照をなしていた。こうした「しっかりした」料理の中でも、羊の足の白ソースは大変な人気を博した。だが何よりブーランジェのレストランでは、いつでも好きなときに、個人用のテーブルで食事ができたのだ。

店は大繁盛し、ブーランジェは有頂天になる。ひとかどの人物のようにふるまい、豪華な四輪馬車を乗りまわし、上流階級に出入りした。

あまりの繁盛ぶりに、仕出し屋や宿屋、ロースト肉屋《ロティスール》が妬んで、パリ高等法院に持ち込んだ。当時パテ職人《パティシエ》の領分だったパテを除けば、調理済み肉や肉加工品を提供できるのは、仕出し屋やロースト肉屋のギルド［中世のヨーロッパの都市で結成された商工業者の組織］だけだった。

だが高等法院はレストラン側に有利な判決を下した。ブーランジェが出している料理は、仕出し屋の出す煮込み《ラグー》ではなく、競合しないと判断したのだ。

ブーランジェは勝った。彼とともに店も勝利を収め、このモデルは世界の隅々に輸出されることになる。

もちろん、マレルブを待たずして詩があったように、レストランの出現はブーランジェを待つまでもない。

外食は昔からあった。

アラン・レイが『フランス語文化事典』で指摘している通りだ。「外食はまず移動の必要性から生まれ、また、家に調理用スペース・設備が不充分ということとも関わっていた」*2

古代においてすでに外食は珍しくなかった。古代エジプトでは、レンズ豆などのテイクアウトを買うことができた。中国、東南アジア、日本、北アフリカでは、現在でも往来の真ん中で食べられる。屋台が、汁物や麺類、カレーなど、食べやすく比較的安上がりのさまざまな料理を道で出している。

だが大半の文明では、外食する場所は決まっていた。居酒屋《タヴェルヌ》、旅籠屋《はたご》、あるいは、神殿、僧院といった聖所に結び付いた施設。

ローマでは常連客も旅人もタベルナに出入りした。あまり評判のよくないこの宿屋兼居酒屋では、パンや塩漬け食品、ひよこ豆などを食べられた他、酒を飲み、さいころ勝負をすることができた。ポピナと言われた安食堂の方は、火を通した温かい一品料理を出した。

悪魔の巣窟である居酒屋への出入りを聖職者に禁じたカトリック教会は、教会や僧院による宿泊所や宿屋《オベルジュ》を増やした。ヨーロッパ全体がこの動きに従った。巡礼路でもまた旅人の多い街道以外でも、ベネディクト会やシトー会、少し後ではテンプル騎士団の騎士領が、旅人や巡礼者、貧者、病人に宿と食事を提供した。

「レストラン」という言葉が、「滋養に富んだ食べ物」を示す食品関連の意味をもつようになったのは、十六世紀初めのことだった。十七世紀には、濃厚な肉汁のブイヨンを指すようになった。十八世紀になると、それを供する場所を指すようになる。

三世紀の間、宿屋や居酒屋以外で、外で食べるといえば酒屋か酒場《カバレ》だった。その場で準備できる安い簡単な料理を出すか、近くの食べ物屋から取り寄せた。

酒場は流行し、こうした外食の形態はずっと続いた。大酒を飲み、乱闘もあった。暴力と破戒の場所だった。店主からすれば、客が酔っ払うためなら湯水のように金を使ってくれる付き合いの場だ。十五世紀、ジャック・デスパールは『Regard d'un médecin sur son temps（一医師の時代を見る目）』で、オランダの似たような店のことを書いている。「この低地の国で、大勢の酒飲みによけいに飲ませるために、宿屋や居酒屋の主人がしばしば出す料理がある。豚肉の薄切りを炭火でほんの少しだけ炙った『炭火焼《カルボネ》』というものだ。酔漢たちはこれをパンと一緒に食べ、たいらげてしまう」

ワイン、ビール、ブランデーの他、フランスではポトフやソース煮込み肉、もつ料理も出した。ドイツ、アルザス、オーストリアでは豚肉加工品、シュークルート、チーズ。スペインではワイン屋がタパスを出す。ギリシャではタラマ［スモークしたタラの卵のペースト］、葡萄の葉で肉などを包んだドルマ、インゲン豆。各地にそれぞれ名物があった。

一方、イギリスで「タヴァーン」と呼ばれたのは高級な宿屋で、洗練された料理を選ばれた客に供した。一六七〇年代、ロンドンで最も有名なタヴァーンの一つは、ボルドーの高等法院長の息子でジャン・ド・ポンタックというフランス人の経営だった。女王陛下の議会に列席する貴族はしばしば首都には別宅しかなく、タヴァーンに食事をしに来た。また食通も連れだってやってきた。

だが、十七世紀から十八世紀にかけて味覚と習慣が変化する、付き合いで見も知らない人と一緒にテーブルにつき、気の抜けた会話に付き合ったり騒がしい田舎者の作法を我慢することを面倒に感じる人が増えた。居心地が悪く、料理の匂いがひどくてありきたりの食べ物しかない、要はフランスの宿に滞在する外国の旅行者が口にするのと同じ文句だ。

いまだ目新しかったレストランは、値段は高くても、こうした厄介を避ける選択肢を提供した。それでも十八世紀末、そう考えたのはブーランジェくらいしかいなかった。多くの貴族は、宿屋で個室に食事をもって来させたり、大邸宅を借り受けて仕出し屋から取り寄せるのでなければ、自宅でディネとスペ［貴族・富裕層ではディネは夕方の食事、スペは正餐となった夜食］をとっていた。

実際、貴族だけは、さしたる信条があったわけでもないが、レストランの流行に逆らった。十八世紀末から十九世紀初頭の作家ルイ＝セバスチャン・メルシエは『Nouveau Paris（新パリ情景）』で、革命の夜明け前に一つの時代の終わりを読み取っていた。苦々しさを込めて書いている。「食事というものがなくなってしまった。猫も杓子もレストラトゥールへ。この店は数限りなく増え、道の角ごとにある。目につくのは、梯子の上でやたら背伸びして看板にウサギやハム、エビ、ソーセージを描き、イギリス風の斜字の筆記体で『軽食、個室あり』と書く、へぼ絵描きばかりだ。こんな知らせを嫌というほど聞く。居酒屋がヴィーナスの洞窟になりました。昔は友人宅へディネに行ったものだが、すっかり様変わりした。招き合うこともなく、こそこそと行きつけのレストラトゥールへ食べに行く。経済なのか、絆の喪失か。この流行は、間違いなく家の秩序の断絶を告げるものだ。レストラトゥールは、われわれの生き方、習慣に本質的な変化をもたらすだろう[*3]」

流行は去らなかった。

革命前夜、レストランは飛躍的発展を遂げつつあった。次第に洗練された料理を一人前ずつ出すようになる。テーブルにつくのは一人か、あるいは一緒にテーブルを囲もうという者同士だけだ。テーブルにはクロスがかけられるようになった。店が出す料理はメニューに書かれ、食事が終わると客に「支払い書」、すなわち勘定書きが示された。

一七八二年、コンデ公の料理長でプロヴァンス伯――後のルイ十八世――の食膳係《オフィシエ・ド・ブーシュ》だったアントワーヌ・ボーヴィリエが主人の元を去り、リシュリュー通りに「グランド・タヴェルヌ・ド・ロンドル（ロンドンのグランド・タヴァーン）」という看板を掲げて店を開いた。イギリス贔屓《ひいき》におもねる方法だったのか、それともロンドンのタヴァーンの洗練に敬意を表してか。いずれにせよブリア＝サヴァランは言っている。「それから十五年以上の間、パリで最も高名な料理店主であった。……彼は真っ先に、エレガントなサロン、身なりのきちんとしたボーイ、選ばれた酒、上等な料理をそろえた。……お客様がたに特別な配慮をしたようであった[*4]」（関根秀雄訳）ルイ十六世の弟の下でみっちりしこまれていたボーヴィリエは、貴族的物腰に剣をはいたいでたち。法外な値段をつけたが、提供する料理の質が高く、法外な値でもたいがい勘定書きは「通った」。ボーヴィリエのレストランでは、客はヴェルサイユにいるかのような待遇を受けた。ワインはロンドンと同様、瓶で供された。何よりも、ボーヴィリエは顧客をよく知り、数カ国語で客に話しかけられることで評価されていた。

一七八六年、エルヴェティウス通り、「トロワ・フレール・プロヴァンソー（プロヴァンスの三兄弟）」が、「エキゾチック」な料理を始めた。ブランダード〔戻した干タラの身にニンニク、オリーブ油などを加えたピュレ〕にブイヤベース。評判が高く、コンティ公が亡命を余儀なくされる前、しばらく雇っていたほどだ。

革命はレストランに終止符を打つどころか、決定的な弾みをつけた。時代は確かに変わっていた。明日の見えない暮らしだった。政治は議会よりもまず街頭で行われ、人々は、社会を揺るがす動きを逃すまいと通りへ出た。外食は習慣になっただけではなく、情報を得、変化の潮流のただ中にいると感じたければそうせざるを得なかったのだ。パリで一〇〇軒ほどだったレストランは、三十年後にはなんと三〇〇〇軒になっていた。

一七九一年すでに、革命の中心地、パレ・ロワイヤルのヴァロワ回廊に移ったボーヴィリエはそれを察知していた。

時代は追い風だった。食糧難はまだ来ておらず、食べ物は豊富で、ご馳走を愛する人々は多かった。料理人の人材にも事欠かなかった。貴族が亡命し、その下で食膳の仕事に携わっていた大半が職を失っていた。料理人も給仕人も生きるために転身を余儀なくされた。

レストランの成功は、こうした人材とフランス料理の質の高さによってほぼ説明がつく。それに、だれもが明日のことなど皆目わからずに暮らした時代、生きていることの喜びを満喫しなければという気持ちもあったのだろう。

パリのカフェとレストランは、フランスの各地方で知られていただけでなく、大陸ヨーロッパでも英仏海峡の対岸でも知られていた。ヴァロワ通りのメオ、テラス・ド・フイヤンのヴェリー、あるいはル・ブフ・アラモード、カフェ・アルディ、ヴェフール——かつてのカフェ・ド・シャルトル——といった店がパリの名士をことごとく吸い寄せていた。パレ・ロワイヤルはまさに一つの殿堂だった。一八一四年、「武装したヨーロッパがこぞってフランスに襲いかかった」とき、「この大軍の指揮官がみな口々に叫んでいたことはただ一つ。パリへ！　そしてパリではパレ・ロワイヤル、パレ・ロワイヤルでは望みといえば何よりもまずテーブルにつくことだった」*5

残念ながら、厳しい状況下、パリのレストランの賑《にぎ》わいの時代は陰りを見せる。一七九三年、パリを含めたフランスの一部は食糧不足に見舞われた。戦争状態で、肉、野菜、パン、砂糖から石鹸まで、何もかもが不足した。窮乏をしのいで生き残るため闇市に頼るしかない人々もいた。

美食学にもつけが回ったことは間違いない。だが、食人の風習に美食の始まりを見た、十九世紀末の美食学者・ユーモア著作家として有名なアリ・バブ［本名アリ・ババンスキ（一八五五―一九三二）］は、バラスとロベスピエールの時代に対してそれほど厳しい目を向けてはいない。彼によれば、「シャトーブリアン［牛フィレ肉の厚切り］」・ステーキ」、トリュフ入り白ブーダン、グルヌイユのシモン風［オーヴェルニュ地方で評判のカエル料理人シモンが革命後パリに移って大成功を収めた］、そして四本に分かれたフォークが生まれたのは、この時期のおかげだという。

アリ・バブの楽観主義に与さない向きもあるだろう。「ギロチン」という名のまな板が存在した時代、パレ・ロワイヤルのレストラン、メオで食事をする予定は、パリ市民の第一の心配事ではなかったに違いない。

それでもパレ・ロワイヤルは、フランス内で荒れ狂ったこの殺戮の嵐に逆らった。確かに立地は戦略的で、あらゆる社会階層――中でもとりわけ色事の世界――に通じており、もっとも下賤なものに至るまであらゆる便宜を備えていた。ルイ＝セバスチャン・メルシエは一七九八年に書いている。「かつてその名の通り王宮だったパレ・ロワイヤルには、レストラン兼アイスクリーム屋の食堂や個室が蜂の巣の房のごとく隙間なく軒を並べている。そこに一人十八リーヴルで食事に来る客が使う便所を作らせた人物は、なかなかの洞察力の持ち主だ。あれほどのトリュフ詰め七面鳥に鮭、マインツのハム、イノシシの頭、ボローニャ・ソーセージ、パテ、さらにはワインやリキュール、シャーベット、アイスクリーム、レモネードを口にすれば、とどのつまり行き着く先は一つと考えたのだ。だから便所を充分広々と建て、何でも快楽の種にする連中が使いやすいようにしておけば、周り中の料理屋の残り滓《かす》が自分にとっては金脈になること間違いなしというわけだ*6」

総体的に見て、レストランは統領政府期と帝政期にその輝きを取り戻す。平和と政権安定でレストラン業は拡大し、国境を越えて逃亡していた顧客層、亡命貴族《エミグレ》も戻ってきた。少なくとも破滅を免れた者は。

グリモ・ド・ラ・レニエールは一八〇四年、『食通年鑑』で言っている。「裕福なパリ市民の心臓は突然、胃袋に変身を遂げた。……食べ物を出す店がこれほど数多い街は世界に二つとないだろう。パリでは本屋一軒につき、レストランが一〇〇軒あるのだ」

グリモは当時パリにはレストランが五〇〇軒あると言っているのだから、気の毒な本屋の数はわずか五軒ということになってしまう。

豪華さで外国人の目を奪ったレストランもあった。一八〇二年、パリを訪れたイギリス人紀行作家ジョン・カーはチュイルリー庭園の新しいレストラン、ヴェリーについて書いている。「全体は、ヘルクラネウム［ベスビオ火山噴火で埋没した古代都市］の小宮殿の一つを模している。ドーリア式円柱に支えられた柱廊玄関《ポルチコ》を中心に二つの大きな翼がある。テラスに面した正面《ファサード》からは、チュイルリー庭園の小道と彫刻の素晴らしい眺めがある。一階は、アーチで通じる三つの広間に分かれ、広間の奥には巨大な鏡があって奥行きを倍に見せる。中央では、オレンジの木が両側に並んだ階段が二階の食堂へ通じている。食堂はみな、ヘルクラネウム様式で素晴らしく飾られ、高価な鏡が並べられている」*7

古代風と豪華絢爛のディネが流行だった。もう一人、ドイツから来た劇作家のA・フォン・コッツェブー［一七六一〜一八一九］は、『Souvenirs de Paris（パリ回想録）』でヴェリーの美食メニューにふれている。まずスープが九種、それからパテが七種、カキがダース単位で、オードブル二十五種、それからおもむろにディネの主菜、二十の異なるソースで調味されたゆで肉《ブフィ》かビーフステーキにとりかかる。「こうしたものを相当食べてしっかり土台を築いた後、三十一種の野鳥か家禽のアントレと二十八種の仔牛か羊の中から選ぶ。……魚もまた二十八種ある。ウナギ、干タラ、コイ、鮭、チョウザメ、カワカマス、川ハゼ、生タラ、メルラン〔小型のタラ〕、サバ、パーチ、テュルボ、シタビラメ、エイ、アローサ、エペルラン（きゅうり魚）……」

次はローストだ。ノルマンディーの脂の乗った去勢鶏、ル・マンの丸々とした肥鶏、赤足岩しゃこに灰色岩しゃこにヤマシギ。次いで「四十の異なった形をとった」アントルメとして、ふんだんな野菜、トリュフのシャンパーニュワイン風味、ザリガニ、コンポート。

これに二十二種の赤ワイン、十七種の白ワイン、あらゆるリキュールが添えられる。

この食餌療法では、果たしてわれらがご先祖は消化器官をもっていたのかと自問したくもなる。コッツェブーもアラカルトで供される料理を列挙するのに青息吐息だ。「最も恐れを知らない健啖家でもこのレストランで食事をした後、食欲を保てるとは思われない。だがもし胃袋にまだほんの少し余裕があったとしても、選り取り三十一種類のデザートを選べば、すぐ一杯になることだろう」

三時から七時まで、パリのレストランには客が引きも切らなかった。たいがい朝早くからデジョネをとり、ディネ〔正餐になった夕食〕は六時ごろにとった。夜会が長引くようなら、夜中の二時か三時ごろ、「お茶」をとる習慣ができた。「お茶」とは、すなわち、肉、ジビエ、ワイン、パンチ、要するに何でもありの食事で、ないのは茶ばかりだった。

生活は昔通りになった。亡命から戻ったシャトーブリアンは言っている。かつての革命家たちは人目を忍び、道端で洋梨の煮たのを売っている。「彼らは逃げ隠れしなくてはならない。彼らだと気づいた人々が屋台をひっくり返し、ぶちのめそうとするからだ[*8]」

だが人々は仕返しよりも、革命の暗い時代を忘れたいと願っていた。笑って踊って歌いたい。大半のレストランに、歌を歌い、酒を飲む文人の集団が数えきれないほど集っていた。食事をし、酒を飲んだ後、軽い小唄を聞かせ、詩を朗誦する。こうした集団の多くは、名前しか残っていない。「ミューズの酒蔵」「エピキュリアン」「歌う会」、また「愚か者の会」「阿呆の会」「熊の会」、さらには最大で十四人の作家が集まった「フォークの会」もあった。ここでは会員は互いに支え合い助け合うことを誓わなくてはならなかったという。

他にも、いわば笑劇と韜晦《とうかい》を得意とする集まりもあった。一七九五年、グリモ・ド・ラ・レニエールは「韜晦者の晩餐会《ディネ》」を創設し――サドも一時期顔を出していた――、パレ・ロワイヤルのレストラン、メオで晩餐を企画した。

会食者たちがうぬぼれ屋の作家ニコラ・レティフ・ド・ラ・ブルトンヌにアカデミー・フランセーズ選出を告げたのはこうした会の一つだった。もっともらしくするために、一人ひとりが彼の頭に厳かに月桂冠をかぶせる。レティフは謙遜《けんそん》してみせたが、得意さと喜びで死にそうだった。たっぷり一時間は「放って」おき、彼がポーズをとって歩くのをさんざん見た後、会食者はこう告げた。アカデミー・フランセーズに選ばれたのは、確かにニコラという名だが、ニコラ・セリスだった、と。

コッツェブーは一八〇四年に書いている。「韜晦し、笑い飛ばす輩はまだ大流行りだ。彼らは上流人士と食事をともにし、しかめ面をしたり、ありとあらゆる動物の鳴き声や、のこぎりの音をまねたりすることに精魂傾ける。声色を使い、ついたての後ろで喜劇を演じ、あらゆる方法で変装し、社会のまっとうな人間をからかうことに」

社会の最上層では、カンバセレスや、またかの有名なカレームが司厨長を務めたタレイランが第一帝政期の美食学を最もよく体現していた。もっとも彼らはレストランにはほとんど足を運ばなかった。

復古王政、七月王政になっても、この豊かな遊びの美食学は続いた。おそらく生きるための食欲が十九世紀ほど活力をもったことはなく、レストランがこれほど決定的な社会的役割を果たしたこともなかった。

だが一八三六年、パレ・ロワイヤルはその輝きを失う。道徳家のルイ・フィリップが娼婦と賭博場を追放すると、客もパレ・ロワイヤルの庭を去った。人々は、特にカキで名高いバレーヌのロシェ・ド・カンカル、ヴォー・キ・テット、ブーダンならエヌヴーで食事をするようになった。

美食学の本場は消滅したのではなく、単に場所を移しただけだった。バトンを引き継いだのはブールヴァール、特にブールヴァール・デ・ジタリアンである。劇場の間に、流行の新しいレストランができる。トルトーニ、カフェ・リッシュ、カフェ・アングレ、カフェ・ド・パリ、メゾン・ドール(後のメゾン・ドレ)。パリの名士たちが行き交う。王族、女優、高級娼婦、洒落者、流行作家、名のある芸術家、ドゥミ・モンドの女たちが集まる広々とした部屋では、装飾やテーブル、食器の豊かさ、照明が料理に劣らず重要になった。けばけばしさの全盛期、美食学の徒の中には、シンプルなテーブルの喜びが台無しになるのではないかと危惧する者もいた。レストランの入り口に初めてメニューが張り出されたのは一八五二年のことだ。

また、政治家、作家、芸術家といった、同属の会食者を集めたディネも流行っていた。現在のマゼ通りにあったマニーでは、サント゠ブーブが文学者の晩餐を主催し、フローベール、テオフィル・ゴーティエ、テーヌ、ルナン、さらにジョルジュ・サンドも顔を出した。一八五三年にできたビクシオには、アレクサンドル・デュマ、ドラクロワ、アレヴィ。タンプル通りのテロール男爵を中心にした、テロールの晩餐では、ポール・ド・ミュッセ、ポール・フェヴァルやポンソン・デュ・テライユ。

左岸のレストランもまた、軍人や政治家が頻々と「出没する」場所になった。トゥルノン通りとヴォジラール通りの角にあるフォワイヨには上院議員が集まった。オデオン広場のカフェ・ヴォルテールには、下院議員や文学者。モンパルナス界隈で良い店といえば、ドーム、クーポール、ロトンド。

さまざまな運命を持つこうした店々でこそ、まさにパリの鼓動が感じられた。店は関心と賞賛と羨望の的になる。フェドーが『マキシムの貴婦人』を書いたのが一八九九年、ミシュランガイドの初版が一九〇〇年、ゴンクール賞審査委員会が初めてドゥルーアンで会合を開いたのが一九一四年、そして同年、ジャン・ジョレスがクロワッサンで暗殺された。

第二帝政期になると、また違ったタイプの店が二つ発展してきた。ブラスリー（カフェ・レストラン）とブイヨン（安食堂）だ。ブラスリーは、十六世紀以来アルザスビールを飲み、シュークルートを食べる場所だったが、一八七〇年以後、アルザス、ロレーヌ地方から多くの難民が首都にやってきた後、数が増えた。ボファンジェがバスティーユ広場の近くに店を開く。フロデレール——間もなくもっぱら略称「フロ」で知られるようになる——が、プティット・エキュリー横丁に店を構える。もう一人のアルザス人、リップマンは一八七二年、ブールヴァール・サン＝ジェルマンに名高いブラスリー、リップを開いた。

ブイヨンの顧客層はまた違っていた。第二帝政下、首都は経済的飛躍を遂げ、パリ知事オスマン男爵による大改造が行われていた。農村から人口が流入したため、養わねばならない、それも多くの場合最低限のコストで養わねばならない人口が急増した。

最も恵まれない者は、無料公営給食所や数少ない慈善事業の食堂に行った。労働者には労働者の「飯屋《ガメル》」が、女たちには女たちの「大衆食堂《クレムリ》」——米、卵、チーズを使った料理が食べられた——があった。最もみじめな者は、パリの市場で「アルルカン」、すなわち、ブルジョワの食事やレストランの残り物の寄せ集めを買って済ませた。売り手は中央市場の隠語で「宝石屋」と呼ばれていた。

中央市場《レ・アル》！　エミール・ゾラが慈しんだパリの胃袋。首都を養うために汗水流して働く人々を目にして、ピエール＝ルイ・デュヴァルという一人の肉屋が、茹でた牛肉を安く出すレストランをモンテスキュー通りに開くことを思い付いた。一八五四年のことだ。

「客は店に入るやいなや係からメニューを渡される。値段が明記してあって、そこから注文する。テーブルは相席だ。給仕してくれるのは店の『女給』で、制服ですぐ見分けがつく。女給はすぐにパリの最庶民層の一員になった。黒いメリノのワンピース、白いエプロン、チュールのボンネット……。メニューはシンプル、料理は新鮮で力がつき、安かった。これが可能になったのは、驚くほど近代的、合理的な組織化のおかげだ。デュヴァルは独自の集中仕入れセンター、パン工場、製乳工場、セルツァ炭酸水工場、ボルドーとベルシーにワイン醸造所、さらにはクリーニング店までもっていた*9」

この食事は、職場の近くで最低限の値段で食事をしたいと思っていた中央市場の労働者と「苦役人」にとって僥倖だったに違いない。

だがだれよりもデュヴァルにとって僥倖だった。事業は繁盛し、支店も増え、この発想は彼に一財産をもたらした。ブーラン、ルージョ、ジュリアン、シャルティエなど続々と参入者が現れ、「ブイヨン」のチェーンを展開した。

ピエール＝ルイ・デュヴァルの息子アレクサンドルは、四十ほどの「ブイヨン」のトップとして父方の財産と父の野心を受け継ぎ、「ゴドフロワ・『デ』・ブイヨン」とあだ名された。「から財布でブリーチーズ」［『から騒ぎ』のもじり］というモットーを考え出したのも彼だ。パリ名士の一員となり、オペレッタを書き、そのいくつかはコーマルタン劇場で上演された。

だが、グラン・ブールヴァールの時代も「ブイヨン」の時代も終わりに近づいていた。一九一四年～一八年の戦争が、「美食学の世紀」といっても過言ではない十九世紀に身についた物の考え方と習慣を根底から覆した。

もちろん、一流レストランが開店して有名になり、大半は名声を保っている。マキシム、ルドワイヤン、ル・フーケ、プレ・カトラン、ラセール……。他にもいくらでもある。ベル・エポックはロシア大公とその無軌道ぶり、フェルディナン・ド・レセップス、ニコライ・ゴリツィン公爵、ダンサーで高級娼婦のリアーヌ・ド・プジーやラ・ベル・オテロ、飛行家ルイ・ブレリオ、オペラ歌手のシャリアピンやカルーゾ、ジャヴァを踊るミスタンゲット、モディリアーニ、フィッツ＝ジェイムズ兄弟の登場を見た。だが、古き良き時代は間違いなく移り変わった。社会と生活習慣の変化に沿った、別の形のレストラン業が現れてくる。それはカレームやブリア＝サヴァランを草葉の陰でやきもきさせかねないものだ。

今日、一流レストランの料理は革新を求めながらも十九世紀の料理に何らうらやむべきところはない。一方、大衆レストラン業の方ははるかに大きな変化を被った。硬貨数枚で食事ができたブイヨン、安食堂、酒場、居酒屋は終わった。習慣、需要、流行、環境、生活条件、食品観、より厳格な食品基準が入り込んで、食べ物に対する私たちの関係は総体的に大きく変わり、特にレストラン業が変わった。

かつて「家庭料理《キュイジーヌ・ブルジョワーズ》」あるいは伝統料理と呼ばれていたものに加えて、世界の料理が提供されるようになる。イタリア料理、スペイン料理、ギリシャ料理、インド料理、日本料理、中国料理、パキスタン料理、メキシコ料理、ロシア料理、アラブ料理、セネガル料理、さらにはテキサス料理まで。私たちの感覚が、違った味、違った舌触りに慣れてきたのは間違いない。

だがそれは、二十世紀が経験した変革のうち最も独特なものであるとはいえない。「バラエティに富んだレストランは、公的生活の発展と一層の変化の兆候だ。産業革命、交通の発達、都市化、生活水準と教育水準の段階的向上、余暇と観光の余裕のある層の増加、日常生活のリズムの変化、家と職場の距離が遠くなったこと、女性が職業生活につくようになったことによって、生活様式が根底から変化したことを示すものである[*10]」

残念に思うべきだろうか。

食事にかける平均時間は短くなり、毎日豪華なレストランに食事をしに行くような金や時間はだれにもなくなった。レストラン側も適応を迫られ、効率を得るのと引き換えに質を失った。食べ物は、少なくとも日常生活では、楽しみであることをやめ、純粋に機能的、器質的なもの、時には衛生第一にさえなった。

フランスではすでに第二帝政期から「セルフサービス」が知られていたとはいえ、大勢を占めることはなかった。人気を博し始めたのは、二十世紀初頭の米国、シカゴやニューヨークだ。ドライブイン（一九二〇年）、次いで一九三〇年代のファストフードの発展で、レストラン業にテイラリズム（科学的管理法）の原則が適用され、仕事の合理化と、工業的に保存された加工済み食品の大量生産が始まる。

一九七〇年代、このシステムは世界征服に乗り出し、大衆レストラン業のモデルとなった。その電撃的成功は私たちのよく知るところだ。

クイックやマクドナルドには追随者がすぐ現れた。世界中で、似たような種類のレストラン業が発達し、ピザチェーン、テキサス風メキシコ料理、中華や日本料理のファストフード、スパゲッティ・バーなどが誕生した。

近年「ジャンクフード」を目の敵にする層が引き起こした反応——たとえばスローフード運動——は、この現象を食い止められるようには見えない。

歴史家ジャン＝ルイ・フランドランはこう指摘する。「成功の処方箋は需要に応えることだ。伝統的スタイルの競争は、何よりも顧客に耳を傾けることができなかった。現状は不思議なことに、革命前夜の仕出し屋とレストラトゥールの間の争いを彷彿とさせる。一刻を争うような類いのことではないが、問題は、胃袋そのものにせよ文化にせよ、同時代人のすべての食欲を、その懐具合に応じながら満たす解決を編み出すことに尽きる。レストランはいつでも、想像力の支配する場所だ。想像力によってしか生き残れない」

だがそれほど単純に言い切れるものだろうか。

想像力を重視するのはわかるが、ますます重くのしかかる経済と流行の制約を乗り越えるとなると話は別だ。

美食学は包囲された砦のように見え、危ういのかもしれない。だがしかし、である。かのキュルノンスキーが一九三〇年代に言った原則をあらゆる形のレストラン業の黄金律とみなせるのではなかろうか。「料理とは、食べ物がそのものの味をもっているときに言う」

十九世紀型の「美食学の殿堂」はほぼすべて姿を消したが、それは、われわれ同時代人がレストランに、何よりも交流と共生の楽しみを見ているからでもあるだろう。レストランは、友人同士でポトフやブフ・ブルギニョンを味わう場所なのだ。ピジョンのフォワグラ詰めではない。どれほど美味であろうとも。

昔ながらの家庭的レシピに従って調理され、くつろいだ雰囲気で味わう料理が何よりだとだれもが思う。

キュルノンスキーは、長いこと彼の家に勤めた、アンジュー地方出身の女性料理人のことをよく語ったものだ。「料理は学校で習ったのでも、本で習ったのでもなかった。生まれながらに受け継いで知っていた。母親がしたように、祖母、曾祖母、曾々祖母、二十世代の家庭の守り手たちがずっとしてきたように料理した。そして節度、味覚、実直さ、素朴さといった、郷土人、フランス人らしい資質をもっていた」

今日「ビストロ」の成功はこの郷愁を示しているのではなかろうか。あまりにもないがしろにされることの多いシンプルな料理、傍らでことことと煮えるのをゆったり待つ料理。自宅でもレストランでも、食事が時代遅れの儀式や単に生体の要求を満たす儀式ではなかった時代、最も大切な、歓びというものを二の次にしなかった時代の料理。

結局のところ、レストランも美食学も姿を消すことはないだろう。七つの大罪のうち、人が最もいそいそと負ける誘惑に関わっているのだから。

モーパッサンも「すべての情熱の中で」唯一、美食だけが立派に思えると言っている。*11 だとすれば、私たちも心置きなくこの楽しみに耽ろうではないか。

誘惑に対する最良の方法は、だれもが知る通り、それに身を任せてしまうことである。

訳者あとがき

本書は、著者パトリス・ジェリネがラジオ・フランスのニュース専門局フランス・アンテールで、二〇一一年一月まで十年以上にわたって毎日（月〜金）午後一時半から放送してきた三十分の番組「2000 ans d'Histoire（歴史二〇〇〇年）」をもとにしたものである。「2000 ans d'Histoire」はフランス・アンテール局でもっとも多くの人に聞かれる番組の一つとされていた。

パトリス・ジェリネは一九四六年生まれ。以前は歴史学の講師をしていたが、一九八〇年代半ばからラジオ・フランスの文化専門局、フランス・キュルチュールを出発点に、ラジオでの仕事をしてきた。今年から、放送・通信の規制監督を行う視聴覚最高評議会（Conseil supérieur de l'audiovisuel、CSA）の評議員を務めている。

本書で紹介されているのは、美食の歴史をめぐる十一の物語である。古くはエジプトや古代ギリシャ・ローマまで辿られるが、やはり何よりもフランス史の断面が切り取られて浮かび上がってくる。シャルルマーニュの意外な食卓。中世からの悪名高い塩税制度に敢然と立ち向かった義賊。ヴェルサイユで太陽王の豪奢な宮廷生活を支えた驚異の菜園*。絶対王政全盛期に壮麗さを競った城で主《あるじ》の浮沈を目の当たりにした司厨長。シャンパンのふるさと、シャンパーニュ地方を襲った度々の騒乱。フランスを代表するチーズであるカマンベールをめぐる国民的神話と事実。パリの申し子とも言うべき「レストラン」は「癒やしの食」を提供する場として誕生した。

そして美食をめぐる言葉もある。聖書、プリニウス、ウェルギリウスからフランスへ。美食学の薀蓄を傾けるブリア＝サヴァラン、グリモ・ド・ラ・レニエールの二大家はもとより、革命前後のパリを描き込んだメルシエ、ゾラの描くパリ中央市場のチーズ、ユーゴーの傑作『笑う人』にさりげなく登場するじゃがいも、バルザックのコーヒー・紅茶論。そしてすべての情熱の中で唯一、美食だけが立派に思えると書いたモーパッサン。

本書から伝わってくるのはやはり、食を愛し、そしてそれに劣らず、食を語ることを愛するフランスだ。食に対する関心と自国の食文化に対する揺ぎない誇りが脈々と受け継がれているのがわかる。

もちろん、フランスといえどもグローバル化と工業的食品生産、ファストフードの波を免れてはいないことは、本書でも触れられている通りだ。二〇一〇年には「Ces fromages qu'on assassine（チーズが殺される）」というドキュメンタリーも製作されている。しかし、最先端の国際都市パリでも、昼前と夕方には焼きたてのバゲットを求めて行列ができるブーランジュリーが角を曲がれば必ずあって、曜日ごとにあちこちの広場のマルシェが賑わい、地方へ行けば週末には、家禽やうさぎの入ったカゴ（ペット用と食用が仲良く並んで売られている）が所狭しとマルシェに並び、鴨がムッシューにしっかり抱えられて機嫌よく買われていく（おいしい料理になるに違いない）のを見ると、美食の伝統がそうやすやすと押し流されてしまうことはありえないという著者の考えはうなづける。粋を極めるフランス食文化の深く根付いた根の有りようが本書から垣間見える気がする。

「シャンパンがスパークリングで軽やかで、趣味のいい洗練された歓楽的フランスを象徴するとすれば、カマンベールは地に足のついた団結する泥臭いフランスの体現だ」（第十章より）

北村陽子

二〇一一年五月

＊ http://www.potager-du-roi.fr/v_intera/plansituation.html
（「Potager du roi 王の菜園」。いちばん右下の■をクリックすると当時の菜園の面影をしのばせるイチジク園の銅版画が見られる）。

注（原注および訳者による補足）

お通し

1. ブリア＝サヴァラン『美味礼賛』〔関根秀雄訳，白水社，一九六七年，21頁〕．
2. Charles Monselet,〔*Gastronomie:Récits de Table*〕．

第一章

1. バルザック，〔*Les Comédiens sans le savoir*〕．
2. John Lawton, *De Soie, de parfums et d'épices*, Editions Unesco, 2004.
3. プルタルコス〔『モラリア』第五巻「イシスとオシリスについて」，丸橋裕訳，京都大学出版会，二〇〇九年，128，130，132頁〕．
4. プリニウス〔『プリニウス博物誌』植物篇，大槻真一郎編，八坂書房，一九九四年，32頁〕．
5. Sigrid Hunke, *Le soleil d'Allah brille sur l'Occident*, Albin Michel, 1997.
6. Brigitte Bourny-Romagné, *Des épices aux Parfums*, Aubanel, 2006.
7. ヴォルテール，〔一七六五年九月六日付オートレ伯宛書簡〕．

第二章

1. ローマで使われた調味料．腐敗を避けるため大量の塩の中で発酵させた魚からできている．
2. りんごの一種［りんごの総称ともいわれる］．
3. André Castelot, *L'Histoire à table*, 1973.［『古代ローマの調理ノート』（千石玲子訳，小学館，一九九七年）117頁を参照し補足］．
4. Jacqueline Queneau, *La Grande Histoire des arts de la table*, Aubanel, 2006. このテーマに関して非常に包括的な素晴らしい著作である．
5. Pierre Jean-Baptiste Le Grand d'Aussy,［*Histoire de la vie privée des François depuis l'origine de la nation jusqu'a nos jours*, 1782］．
6. Bruno Laurioux, *Manger au Moyen Age*, Hachette, 2002.

第三章

1. モンテーニュ［『エセー』六，第三巻第十三章「経験について」，原二郎訳，岩波文庫，一九八一年，153，191頁］．
2. モリエール『町人貴族』［第四幕第一場，鈴木力衛訳，岩波文庫，一九七九年，91頁］．
3. Nicolas de Bonnefons,［*Les délices de la campagne*, 1662］．
4. ブリア＝サヴァラン，［前掲書．67頁］．

第四章

1. Jean-François Bergier, *Une histoire du sel*, Presses universitaires de France, 1982.
2. Jean-François Bergier, Ibid.
3. アンシャンレジーム下の徴税請負区制度では，王は，請負料の支払いと引き換えに，税の管理と徴収を個人に委託できた．競落して請負人になると，六年契約で税の徴収を引き受ける．そうなれば，係官が徴収してくる額と王権に納める額の差額を懐に入れることができた．この制度は，市民に非難される数多くの不正と密売人を生み，ルイ十五世とルイ十六世治世下で徴税請負人の評判は，時に誤解もあったにせよ，落ちる一方だった．
4. Marie-Hélène Bourquin, *Aspects de la contrebande au XVIIIe siècle*, Padoue, 1974.

第五章

1. Jacques Gervais, *Le Jardinier du roi, Jean-Baptiste de la Quintinie*, Stock, 1944.
2. Jean-Batiste de La Quintinie,*Instruction pour les jardins fruitiers et potagers*, Paris, 1690. ラ・カンティニの死の二年後，息子によって出版された著作．
3. William Wheeler, *Le Potager du roi*, Somogy, 1999.
4. Nicodème Tessin le jeune,［"Relation de la visite de Nicodème Tessin à Marly, Versailles, Clagny, Rueil et Saint-Cloud, en 1687", 1926］.

第六章

1. アレクサンドル・デュマ『抄訳版デュマの大料理事典』［辻静雄他編訳，岩波書店，一九九三年，8頁］.
2. Dominique Michel, *Vatel et la naissance de la gastronomie*, Fayard, 1999. ヴァテルと十七世紀の美食学について書かれた最良の伝記.
3. "Muse historique",［vol.7-33］.
4. Charles Auguste de La Fare,［*Mémoires sur les principaux événements du règne de Louis XIV*,1715］.
5. Dominique Michel, Ibid.
6. ［*Mémoires complètes et autenthiques du duc de Saint-Simon sur le siècle de Louis XIV et la régence*, vol.13-225］.
7. セヴィニエ夫人［一六七一年四月十七日付グリニャン夫人宛て書簡］.
8. セヴィニエ夫人［『セヴィニエ夫人手紙抄』一六七一年四月二十六日付グリニャン夫人宛て書簡，井上究一郎訳，岩波文庫，一九八七，133頁］.

第七章

1. バルザック『風俗研究』「近代興奮剤考」［第三節コーヒーについて，山田登世子訳，藤原書店，一九九二年，173頁］.
2. ホメロス『オデュッセイア』［上，第四歌二一九，松平千秋訳，岩波文庫，一九九四，95頁］.
3. ベルナルダン・ド・サン＝ピエール［『フランス島への旅』第十二の手紙「黒人奴隷たちについて」，小井戸光彦訳，岩波書店，二〇〇二年，402，404頁］.

4. バルザック，〔前掲書，166頁〕.
5. バルザック，〔前掲書，170～171頁〕.
6. バルザック，〔前掲書，171～172頁〕.
7. セヴィニエ夫人，〔一六七一年四月十五日付グリニャン夫人宛て書簡〕.
8. セヴィニエ夫人，〔同年十月二十五日付同〕.

第八章

1. スタンダール『リュシアン・ルーヴェン』〔第十七章，島田尚一他訳，人文書院，一九六九年，185頁〕.
2. バルザック『あら皮——欲望の哲学』〔I 護符，小倉孝誠訳，藤原書店，二〇〇〇年，72頁〕.
3. Fernand Woutaz, *La Véritable histoire du champagne*, Favre, 1990.
4. Frédérique Crestin-Billet, *L'Univers du champagne*, Solar, 1999.
5. Nicolas Abraham de la Framboisière, 〔*Gouvernement nécessaire à chacun pour vivre longuement en santé*, 1600〕.
6. サン＝テヴルモン，〔一六七四年ないし五年ドロンヌ伯宛書簡〕.
7. ラ・ブリュイエール〔『カラクテール——当世風俗誌』中，第十一章人間について一三五，関根秀雄訳，岩波文庫，一九九二年，198頁〕.
8. Frédérique Crestin-Billet, Ibid.
9. パラチナ侯女オレルアン公夫人，〔一七一九年八月一日付書簡〕.
10. 〔*Mémoires du maréchal duc de Richelieu*〕.

11．グリモ・ド・ラ・レニエール『招客必携』伊藤文訳，中央公論社，二〇〇四年，258頁．

12．バイロン『ドン・ジュアン』第一歌一三五，小川和夫訳，冨山房，一九九三年，74頁．

第九章

1．シエサ＝デ＝レオン『激動期アンデスを旅して』第四十章，第九十九章，染田秀藤訳，岩波書店，一九九三年，117，233頁．

2．アレクサンドル・デュマ，前掲書，〔160頁〕．

3．Thomas Hariot, 〔*A Briefe and True Report of the New Found Land of Virginia*, 1588〕.

4．ユーゴー『ユーゴー全集第三巻　笑ふ人』〔前篇「海と夜」，序章「ウルズス」，宮原晃一郎訳，本の友社，一九九二年，137頁〕．

5．Jean Feytaud, *La Pomme de terre*, Presses universitaires de France, 1949.

6．Pierre Jean-Baptiste, Le Grand d'Aussy, 〔Ibid〕.

7．Antoine-Augustin Parmantier, 〔"Examen chimique des pommes de terre", 1773〕.

8．Jean-François Chiappe, *Louis XVI, le Prince*, tome1, Perrin, 1987.

9．じゃがいものでんぷんをもとにした菓子，ガトー・ド・サヴォワのこと．

10．Lucienne Desnoues, *Toute la pomme de terre*, Mercure de France, 1978.

第十章

1．ブリア＝サヴァラン，［前掲書，22頁］．

2．ゾラ『パリの胃袋』［第五章，朝比奈弘治訳，藤原書店，二〇〇三年，333頁］．

3．ホメロス『イリアス』［上，第十一歌六一八～，松平千秋訳，岩波文庫，一九九二年，361頁］．

4．ホメロス『オデュッセイア』［上，第九歌二一六～，松平千秋訳，岩波文庫，一九九四年，228頁］．

5．ホメロス『オデュッセイア』前掲書，［第九歌二三一～，229頁］．

6．ウェルギリウス［『農耕詩』第三歌四〇〇，小川正廣訳，京都大学出版会，二〇〇四，165～166頁］．

7．ウェルギリウス，［前掲書，第三歌一七〇，152頁］．

8．プリニウス『プリニウスの博物誌』［I，第十一巻九十七，チーズ，中野定雄他訳，雄山閣，一九八六年，523頁］．

9．プリニウス，［前掲書］．

10．Bernard Nantet, *Le Goût du fromage*, Flammarion, 1994.

11．Pierre Boisard, *Le Camembert, mythe national*, Calmann-Lévy, 1992．このテーマに関する素晴らしい本である．

第十一章

1．ディドロ，［一七六七年九月八日付書簡］．

2．Alain Rey, *Dictionnaire culturel en langue française*, Le Robert, 2005.

3．Louis-Sébastien Mercier, *Le nouveau Paris*, 1799.

4．ブリア＝サヴァラン，［前掲書，309，310頁］．
5．Eugène Briffaut, *Paris à table*, 1846.
6．Louis-Sébastien Mercier, [Ibid]．
7．John Carr, [*The Stranger in France; or, a Tour from Devonshire to Paris*, 1803]．
8．François-René de Chateaubriand, [*Mémoires d'outre-tombe*, 1809]．
9．Bruno Girveau, *A table au XIXe siècle*, Flammarion, 2001.
10．Alain Rey, Ibid.
11．Henri René Albert Guy de Maupassant, [*Amoureux et primeurs*, 1881]

［　］は訳者による補足

パトリス・ジェリネ (Patrice Gélinet)
1946年生まれ。以前は歴史学の講師をしていたが、1984年ラジオ・フランスの文化専門局フランス・キュルチュールでラジオの仕事を開始し、司会者とプロデューサーを務める。ラジオ・フランスのニュース専門局フランス・アンテールで人気番組"2000 ans d' Histoire（2000年の歴史）"を制作、2011年1月まで自らの司会で月曜から金曜まで毎日30分間、歴史の決定的場面を紹介してきた。本書はこの番組がもとになって生まれた。

北村陽子（きたむら・ようこ）
東京都生まれ。訳書にS・ペレティエ『陰謀国家アメリカの石油戦争』（ビジネス社）、C・オフ『チョコレートの真実』、C・ロス『独立外交官』、C・スミス『世界を変えるデザイン』、J・ノボグラッツ『ブルー・セーター』、N・クリストフ&S・ウーダン『ハーフ・ザ・スカイ』（以上、英治出版）など、共訳書に反戦イラク帰還兵の会『冬の兵士――イラク・アフガン帰還米兵が語る戦場の真実』、H・ジン『爆撃』（以上、岩波書店）。

美食《びしょく》の歴史《れきし》2000年

●

2011年6月20日　第1刷

編者……………パトリス・ジェリネ
訳者……………北村陽子《きたむらようこ》
装幀……………原田恵都子
発行者……………成瀬雅人
発行所……………株式会社原書房
〒160-0022 東京都新宿区新宿 1-25-13
電話・代表　03(3354)0685
http://www.harashobo.co.jp/
振替・00150-6-151594
印刷……………新灯印刷株式会社
製本……………小高製本工業株式会社
ISBN 978-4-562-04705-5,©Trannet K.K. 2011